CB021627

4ª edição
Do 13.200º ao 13.300º milheiro
100 exemplares
Setembro/2021

© 2014 - 2021 by Boa Nova Editora

Capa
Juliana Mollinari

Diagramação
Juliana Mollinari

Revisão
Maria Carolina Rocha

Coordenação Editorial
Ronaldo A. Sperdutti

Impressão
Renovagraf

O produto da venda desta obra é destinado à
manutenção das atividades assistenciais da Sociedade
Espírita Boa Nova, de Catanduva, SP e do Centro
Espírita Eurípedes Barsanulfo, de Araraquara, SP.

1ª edição: Abril de 2014 - 10.000 exemplares

ROMANCESPROIBIDOS

Ariovaldo Cesar Junior ditado por Fernandes de Almeida de Melo

boanova editora

Instituto Beneficente Boa Nova
Entidade coligada à Sociedade Espírita Boa Nova
Av. Porto Ferreira, 1.031 | Parque Iracema
Catanduva/SP | CEP 15809-020
www.boanova.net | boanova@boanova.net
Fone: (17) 3531-4444

Dados Internacionais de Catalogação na Publicação (CIP)
(Câmara Brasileira do Livro, SP, Brasil)

Melo, Fernandes de Almeida de (Espírito).
   Romances proibidos / ditado por Fernandes de
Almeida de Melo ; [psicografia] Ariovaldo Cesar
Junior. -- Catanduva, SP : Boa Nova Editora,
2014.

   ISBN 978-85-8353-016-9

   1. Romance espírita I. César Junior, Ariovaldo.
II. Título.

14-01313   CDD-133.9

Índices para catálogo sistemático:

1. Romance espírita : Espiritismo   133.9

SUMÁRIO

Os nomes, locais e datas deste romance foram
alterados para respeitar os familiares ainda
encarnados e pessoas envolvidas nessa trama.

DEDICATÓRIA

Dedico este livro aos meus queridos genitores por terem me dado esta maravilhosa oportunidade de viver na Terra novamente, de poder sonhar, de poder viajar nos ensinamentos de Jesus, de poder aprender e de poder se redimir de equívocos passados; sendo que do reflexo desta inigualável aventura proporcionada por eles, pude reencontrar minha adorável esposa Kris que perdura ao meu lado há mais de quarenta anos de muito amor, muito carinho, muita cumplicidade, e que deste amor gerou o meu maior tesouro, os meus filhos, com quem tenho aprendido muito, que, por conseguinte, me deram os netos maravilhosos que alegram minha vida. Agradeço ainda todos os meus amigos que me incentivam e estão sempre ao meu lado. Todos são as flores que embelezam e suavizam minha existência, cuja viagem está longe de terminar.

AGRADECIMENTO

Agradeço ao Espírito Fernandes de Almeida de Melo e sua equipe, pela confiança e paciência, pela compreensão das minhas dificuldades, que mesmo momentâneas, sei que atrapalhavam o ritmo do trabalho. Agradeço aos meus protetores espirituais por estarem sempre ao meu lado, me amparando e servindo.

CAPÍTULO 1

A ENTREVISTA
COM O PADRE

Corria o ano de 1925, na Fazenda Ponte Alta, na cidade de Araraquara.

O sol escondia-se lentamente no horizonte, e no céu azul, ainda claro, apareciam como mágica as primeiras estrelas que enfeitariam a noite. Os pássaros em festa, estimulados pelo frescor da tarde e pela brisa suave que soprava do campo, entoavam cantos de alegria, retornando em algazarra para o abrigo das árvores frondosas. Dona Beatriz conservava a beleza da juventude. Seus cabelos presos com presilhas francesas davam-lhe o perfil clássico de uma rainha. Seus olhos verdes e profundos completavam o quadro admirável e ressaltavam a energia e a inteligência com que dirigia a fazenda, que herdara de seu pai. Naquele cair da tarde, encontrava-se visivelmente irritada e ordenou com firmeza ao seu fiel ajudante:

— Não deixe que ele saia da fazenda às escondidas. Traga-o aqui! — *Hoje ele não escapará como de outras vezes*, pensou consigo, enquanto fechava o punho, num gesto característico seu.

O padre Augusto de Maria estava acostumado a

entrar e a sair da fazenda sem dar satisfações a ninguém. De batina e botinas pretas, preferia usar o cavalo à charrete, para melhor vencer as dificuldades do caminho. Notando o adiantado da hora, para não perder a assistência da missa das sete, rumou em disparada pela estrada que circundava o rio, não gostava que percebessem sua presença. Sem titubear e obediente às ordens que recebera, o serviçal o perseguiu até alcançá-lo quase nos limites da cidade. Nervoso e espumando de raiva, o capataz falou alto, destemido, sem guardar o respeito que a autoridade religiosa estava acostumada a receber dos seus fiéis seguidores:

— Padre, pare! A Dona Beatriz quer falar com o senhor! Pare!

Padre Augusto de Maria era magro, estatura mediana, pele clara, olhos azuis, cabelos pretos lisos penteados com vaselina perfumada. Seu sorriso mostrava um pouco da sua personalidade falsa e interesseira.

— Não posso vê-la agora, tenho horário a cumprir na Igreja, diga que voltarei noutro dia, peço desculpas pela pressa. E tentou manobrar o cavalo para escapar do cerco imposto por Zenóbio, mas as tentativas foram inúteis. As ordens da Dona Beatriz eram rigorosamente atendidas, e o ajudante tinha a vantagem de ser forte e dominar melhor o cavalo.

— O que é isso? — Gritou o padre assustado. — Você está me impedindo de sair da fazenda? Vou reclamar da sua petulância e você receberá o castigo que merece! Insolente!

— O senhor só vai sair depois que falar com Dona Beatriz. Disse Zenóbio com firmeza, satisfeito por ter vencido o padre que agora deveria se ajustar com sua patroa. Contrariado, o religioso fez meia volta e, resmungando, seguiu pensando no que ela pretendia com aquela urgência desagradável, sempre escoltado pelo capataz que o seguiu à queima-roupa até a porta do escritório.

Dona Beatriz recebeu o religioso sem mesuras, com a frieza natural que dispensava àqueles que não mereciam seu respeito.

O padre não estava acostumado com aquela falta de gentilezas e estranhou que a fazendeira não beijou sua mão no cumprimento obrigatório que se fazia aos párocos, tidos como uma classe especial, representantes de Deus na Terra.

— Sente-se, padre Augusto. Apontou a cadeira velha de palha, e de pé, com energia, principiou o assunto que roubava suas horas de sono.

— Desde quando o senhor está frequentando a casa da Iracema?

O padre sentiu a gravidade da pergunta. Tomado de surpresa, silenciou alguns segundos, buscando dentro de si a melhor resposta. E com um sorriso forçado, disse com disfarçada calma:

— A senhora pode me dizer o que está acontecendo? Não posso responder sem conhecer o assunto! Do que se trata?

— Do que se trata? O senhor sabe do que se trata. O senhor não é bobo, sabe perfeitamente do que estou falando. E, elevando o tom de voz, repetiu com segurança, encarando o pároco nos olhos, que sentiu um frio percorrer-lhe a espinha:

— Desde quando o senhor está visitando a Iracema?

— Não me lembro, acho que faz alguns meses, ela me procurou na Igreja, disse que estava com alguns problemas e pediu que viesse rezar em sua casa.

Ante o cinismo visível do religioso, a fazendeira disparou colérica:

— Mentira! Padre mentiroso! Ela não foi procurá-lo. Ela nunca saiu da fazenda para nada, a não ser para ir à escola na cidade. Eu a conheço bem. O senhor aproximou-se dela com segundas intenções, agiu com má-fé, que é sua especialidade. Por que entrava na fazenda pela estrada lateral? O senhor precisa honrar e respeitar esse povo, que acha que o senhor é um homem de Deus. Mas o senhor não é de Deus. O senhor é do diabo!

— Dona Beatriz, eu exijo respeito. Estou aqui representando a Igreja, se fiz alguma coisa foi por amor, e quem ama não está em pecado.

— Hipócrita! O senhor não ama ninguém, o senhor tem somente interesses escusos, o que é bem diferente. Quem ama não faz o que o senhor fez! Quem ama respeita, e o senhor não respeitou essa moça, que mal saiu das barras da saia da mãe. O senhor não cumpriu o juramento sacerdotal, não honrou o celibato, que é um sacramento da Igreja. Sei, e todo mundo sabe, que o senhor já tem uma filha numa outra fazenda, e agora vai ter outro filho com a Iracema, pois ela está grávida!

— Mas aquela minha filha foi adotada por uma família boa, rica, da cidade de São Carlos, está forte, sadia, e no futuro será como a senhora, proprietária de terras. E o filho da Iracema, se for homem ou mulher, será amparado por um abastado fazendeiro. Está tudo combinado, vou levá-lo imediatamente após o nascimento. Todos meus filhos receberão o melhor. Deus sabe o que faz!

Respondeu com ar de superioridade, deixando escapar no canto dos lábios o cinismo que o movia.

— Deus não faz dessas coisas. Não transfira suas culpas para Deus. Deus não separa os filhos das mães, como se fossem mercadorias. Este é mais um pecado grave que o senhor está cometendo usando o nome Dele em vão. O senhor perguntou se ela quer dar o filho?

— Ela vai dar porque não tem condições de criá--lo. Ele estará em boas mãos e terá um belo futuro. Se essa for a sua preocupação, o assunto está resolvido e nossa conversa termina aqui.

— Padre Augusto, a minha preocupação não é

apenas com a Iracema, mas com as moças da fazenda, com suas alunas e com as moças que frequentam a sua Igreja, porque o senhor é um homem desprezível. Não quero vê-las sofrer. E o senhor não vai decidir o futuro do filho da Iracema. O senhor já desgraçou a vida dela, o senhor a desonrou. Agora ela é quem vai escolher o que deseja fazer. E se escolher ficar com o filho terá toda ajuda que precisar. O senhor está proibido de visitá-la a partir de hoje! O senhor é um homem desonesto. O senhor fez tudo de caso pensado, preocupado unicamente com seu prazer.

O padre a interrompeu:

— Eu não gostaria que isso fosse do conhecimento do povo da cidade, preocupo-me com a imagem da Iracema, que é uma boa moça e poderá se prejudicar com os comentários maldosos dos fuxiqueiros.

— Padre, como o senhor é cínico! O senhor não está preocupado com ela, o senhor está preocupado em piorar sua péssima reputação. O senhor a prejudicou para o resto da vida, porque ela acreditou em suas mentiras. Deveria denunciá-lo ao Bispo, mas não vou fazê-lo, pois nunca vi a Igreja condenar um padre!

Todos no clero se protegem e são inocentados, e todas as mulheres são condenadas! No máximo, os padres são transferidos para outras comarcas, outras paróquias, onde continuam desonrando outros lares! Vocês estão zombando da Justiça Divina! O senhor usa batina para usufruir dos privilégios da Igreja, aproveitar das moças incautas que se aproximam confiantes, assaltar as casas das viúvas, para aumentar as riquezas do clero e desviar recursos para o próprio bolso.

— Não admito que a senhora fale assim da santa madre igreja. Não se esqueça de que a senhora também pecou, pois fui informado de que a senhora deitou-se com seu marido antes de receber o sacramento do matrimônio!

Nesse momento Dona Beatriz arregalou os olhos de raiva, suas veias saltaram no pescoço, e por pouco não esbofeteou o padre.

— Padre ignorante, qual o pecado que cometi em receber meu marido antes de me casar na igreja? A união daqueles que se amam estão abençoadas por Deus, independente de igrejas ou intermediários! Eu amava e amo meu marido, nos unimos por amor!

Quando existe o amor a união é divina. O amor basta, não precisamos da interferência de nenhum religioso. O senhor não sabe que quando Jesus disse: "Não separeis o que Deus juntou"[1], estava se referindo unicamente à lei imutável do amor? Sem amor, o casal poderá receber todos os sacramentos e as bênçãos de todas as religiões, que nada será suficiente para uni-los. O amor é a bênção da vida. O senhor não sabe o que é amar! O senhor é um animal, só tem instintos! O senhor não ama ninguém, é extremamente egoísta, só tem interesses impuros. Não respeita nem mesmo a Igreja que o acolhe. E a partir de hoje está proibido de entrar na minha fazenda! Fora daqui, seu monstro! Fora daqui!

Gritou com a força de seus pulmões ao perceber que o padre a observava, trazendo um sorriso zombeteiro no canto dos lábios.

O religioso levantou-se apavorado, pois não esperava ser expulso daquela maneira, muito menos por uma mulher e, aturdido, meio zonzo, quis desaparecer daquele lugar que para ele era o começo do inferno e,

[1] "Não separeis o que Deus juntou" — Capítulo XXII de O Evangelho Segundo o Espiritismo.

automaticamente, num gesto maquinal, nervoso, sem pensar, ergueu a mão direita para ser beijada, como sempre fazia nas despedidas. Dona Beatriz não titubeou: cuspiu com raiva na mão do padre, empurrando-o pelas costas para fora do escritório. Na pressa, desequilibrado, não viu os degraus e se esborrachou no chão. Levantou-se rapidamente, esfregou o ferimento de um dos joelhos, sacudiu a poeira da batina e montou seu cavalo, ouvindo as gargalhadas debochadas do fiel Zenóbio, que mesmo do lado de fora do escritório escutou toda a conversa.

CAPÍTULO 2

A VISITA A IRACEMA

No dia seguinte, Beatriz levantou-se antes de o sol nascer e dirigiu-se à casa da jovem Iracema. Encontrou-a sozinha arrumando-se para as tarefas da colheita do café. Seus pais e seu irmão haviam partido com a carroça que os levou para as plantações, juntamente com outros colonos. Iracema procurou arrumar-se rapidamente, penteando os lindos cabelos negros com as mãos e prendendo-os com uma fita branca. Seus olhos verdes eram levemente amendoados. Pele alva e lábios da cor da romã. Parecia um anjo morando naquele canto da fazenda, trazia no olhar a doçura da juventude. Ela não imaginava que um dia poderia receber em sua casa uma visita ilustre como a da fazendeira. Beatriz analisou-a calmamente e sentiu que deveria ajudar a jovem mulher. Aquela gravidez precoce, não planejada, iria tumultuar a vida da moça e mudar o rumo daquela família. Iracema encolheu-se envergonhada e perguntou com timidez:

— A senhora precisa de alguma coisa?

— Desculpe-me a intromissão, mas seus pais já sabem?

— Sim, meus pais já estavam desconfiados.

Ontem tivemos a confirmação. E principiou a chorar, correndo para os braços de sua patroa, que era reconhecida pelos empregados da fazenda, como uma boa mulher, fazendo menção de ajoelhar-se aos seus pés. Beatriz segurou-a pelos braços a tempo, evitando aquele gesto inesperado de submissão e falou com brandura:

— Iracema, minha filha, não chore. Prometo que vou ajudá-la a cuidar de seu filho. Não chore. Estarei ao seu lado. Tenha forças. Acalme-se.

Ao ouvir essas palavras de carinho, Iracema culpou-se ainda mais.

— Perdoe-me, eu errei. Eu sei que errei. Perdoe-me!

— Não tenho do que lhe perdoar. Todos nós erramos, aqui na Terra ninguém é perfeito. Você não errou, você está aprendendo. E agora não fique assim para não prejudicar o bebê com suas emoções. Vim procurá-la para dizer que poderá contar comigo naquilo que precisar. Você terá o meu apoio. Pretendo acompanhar o desenvolvimento do seu bebê e, hoje mesmo, vou providenciar sua ida ao médico da cidade.

Permaneceram algum tempo abraçadas e, quando

percebeu que a moça estava mais calma, perguntou:

— Você não estava namorando o Pedro?

— Sim, quando o padre apareceu em casa, pedi ao Pedro que queria refletir um pouco a respeito do nosso namoro. Meu coração ficou dividido. O padre mostrou-se muito gentil e carinhoso e disse que, depois que me conheceu pediu demissão da igreja, iria abandonar a batina e casar-se comigo. Estava somente esperando os documentos voltarem de Roma, por isso estava demorando. Disse que iríamos viver numa casa da cidade e continuaria sendo professor no Colégio. Fui boba e acreditei. Quando soube da gravidez, transformou-se, ficou irritado e me acusou, me ofendeu com palavras que não quero repetir. Pediu que tomasse um chá abortivo, que recusei. Aí percebi que ele não me amava, estava apenas me enganando. Ontem disse que iria tirar o filho de mim, de qualquer jeito, para ser criado por outra família. Dona Beatriz, se isso acontecer eu morro, não suportaria a separação. Não importa se pequei, o filho é meu e quero criá-lo, como fui criada nessa fazenda, onde fui feliz até o dia em que esse padre apareceu. Agora tenho medo da reação do Pedro.

Hoje eu sei o quanto o Pedro foi bom pra mim e eu não reconheci. Estava cega!

— Diga-me uma coisa, Iracema, com sinceridade. Você ama aquele padre?

— Não, eu odeio esse homem mentiroso que desgraçou a minha vida!

E começou a soluçar:

— Estou arrependida do que fiz. Perdoe-me. Só descobri que ele não me amava, quando disse que ia levar meu filho e que ninguém deveria saber que coloquei uma criança no mundo. Ele é um homem mau, não tem piedade de ninguém. Disse que sou muito pobre e não tenho como criá-lo. Meus pais acabaram concordando, pois sabem das dificuldades para se cuidar de uma criança. Ajude-me Dona Beatriz, não quero perder meu filho!

— Você não vai perdê-lo, vamos criá-lo aqui na fazenda. Vou falar com seu chefe para não sobrecarregá-la nos trabalhos diários, quem sabe poderemos transferi-la para uma função mais leve. Não quero que falte às aulas, mas antes devo falar com a Diretora do Colégio a seu respeito, para não ser reprovada esse ano. Agora precisa pensar no seu futuro e no futuro do seu filho. Ele ficará orgulhoso de você.

Iracema sorriu agradecida e abraçou sua benfeitora, que continuou:

— Proibi o padre de entrar na fazenda, pois não gostei dele ter invadido minha propriedade sem autorização, para fazer o que fez, mas se você quiser encontrar-se com ele, faça isso na cidade, não aqui.

— Pode ficar tranquila, Dona Beatriz. Errei uma vez e basta!

Todas as crianças e jovens da fazenda eram transportados diariamente para estudar na cidade. O estudo fazia parte de um programa rígido desenvolvido pela fazendeira, e os alunos eram assistidos nas dificuldades escolares que apresentavam, além de receberem os uniformes e materiais escolares.

Zenóbio chegou a casa e contou à sua mulher o que tinha acontecido no casarão. Dona Mercedes arregalou-se com a história da expulsão do padre, riu pensando na cara dele, na batina suja de terra, no joelho machucado, e ficou pensando que a raspança foi pouca, ele deveria ter apanhado na cara.

— Zenóbio, será que isso não é trama do diabo? Como pode um homem de Deus embuchar uma donzela? Será que ele não estava tomado pelo capeta? Você viu se os olhos dele estavam vermelhos? O capeta entrou nele!

— Mulher, ele é o capeta! O diabo é ele! Ele é a besta! Ele é o sem-vergonha! Se a Dona Beatriz pedisse, quebraria a cara dele ali mesmo. Bateria naquele porco! Não ia deixar um osso por inteiro. Onde já se viu não respeitar a Iracema? Ela é uma criança. Ele percebeu que ela era ingênua, uma coitada e, muito espertalhão, levou ela no bico. Só estou preocupado com uma coisa. Quero ver quando o Pedro descobrir que sua amada está grávida. E grávida de um padre! Aí é que eu quero ver! O padre pode se esconder até debaixo do vestido do bispo que o Pedro vai arrancá-lo de lá. E, pelo que eu sei, o Pedro nunca gostou de padre, parece que tinha pressentimento ruim, nunca frequentou uma missa. E agora acontece isso.

— Mas o Pedro um dia vai saber. Como ela vai esconder a barriga? Como vai esconder o filho?

— Mas Mercedes, nós estamos enganados. O Pedro não está namorando a Iracema. Sabemos que ele gosta dela, porque falou comigo que gostaria de se casar com ela, mas ela não quis, acho que não gosta dele. Não vai ter problemas ele saber que ela está esperando nenê, ela não é nada dele!

— Mas Zenóbio, homem é bicho besta, não vai gostar de ter sido passado prá trás, e justo por um padre sem-vergonha. E você sabe muito bem, que esse é o segundo filho do capeta. O Pedro não vai gostar disso. Pode não falar nada com ela, mas quando tiver uma chance vai tirar satisfações com o padreco, o que não será bom. E o irmão dela? O João é briguento que eu sei. Também vai querer lavar a honra da irmã!

— Mercedes, veja onde o Padre Augusto de Maria se meteu! Acho que, para evitar uma desgraça, ela vai ter que inventar que o filho é de outro homem.

— Ela vai mentir pra proteger o padre? Você acha certo?

— Certo não é, mas é o melhor nesse momento.

Pra proteger ela e o padre. Pra evitar que o Pedro ou o João façam uma besteira, um desatino qualquer.

— E ela vai jogar a culpa em quem? Quem vai ser o pai da criança?

Zenóbio ficou uns instantes pensativo, sem saber o que responder. Sua sugestão o havia colocado numa enrascada. Quem poderia ser o pai da criança? Não vacilou, fez um sorriso disfarçado e falou com naturalidade:

— Ela pode falar que foi um Espírito que apareceu pra ela!

E riram muito como se o assunto fosse brincadeira.

CAPÍTULO 3

A CONVERSA COM O
PADRE CARMELO

Aquela manhã calma de outono estava convidativa para uma boa leitura ou para os estudos religiosos, mas mesmo sabendo que deveria preparar com antecedência as aulas do Colégio, o Padre Augusto de Maria, pensativo sobre os últimos acontecimentos, ausentou-se logo após o rápido café matinal e, apressado, dirigiu-se à casa de seu orientador espiritual. Estava revoltado com os maus tratos recebidos na reunião que tivera com a fazendeira e, preocupado com a repercussão dos fatos, queria antecipar sua defesa, evitando os comentários maldosos que surgem não se sabe como, e que poderiam prejudicá-lo. No caso de uma denuncia formal, poderia ser devidamente amparado e compreendido pelos seus superiores imediatos, para não ser injustiçado, pensava. Logo após a entrada na sala principal da imponente casa paroquial, foi recebido com alegria pelo seu superior e professor dos tempos de seminário. Cumprimentou-o seguindo as reverências clericais, depois se abraçaram como bons amigos.

— Estava pensando nas razões desta audiência urgente. Será que você está querendo maiores responsabilidades em outras regiões ou serão problemas familiares? Em que posso ajudá-lo, meu caro?

Padre Augusto pensou alguns instantes em como iniciar sua exposição, mas devido à confiança que os unia, foi direto ao assunto que o perturbava.

— Estou sendo acusado de ter molestado uma mulher da Fazenda Ponte Alta e isso está tirando meu sono, já não tenho disposição para meus trabalhos regulares.

— Fique calmo, diga o que aconteceu, estou aqui para ouvi-lo.

E o Padre relatou a acusação da sua maneira, omitindo o que o incriminava. Padre Carmelo ouviu a história com atenção, mas sua experiência refletida nos cabelos brancos e na ampla calvície, dizia-lhe que deveria analisar melhor a confissão recebida.

— Está me parecendo que se trata de caso seme-lhante ao que você foi acusado no passado. Naquela oportunidade, a muito custo, conseguimos sua absol-vição. Foi salvo pelo depoimento de alguns fiéis, que disseram que aquela mulher não inspirava confiança, que aquilo era injúria, mas a realidade acabou mostrando o contrário. A criança acabou saindo com a sua cara. Deu um sorriso malicioso, e continuou:

— Agradeça a Deus que os pais adotivos não a rejeitaram, com a desculpa de que a menina é filha do pecado. Até hoje as coisas estão caminhando bem. A pequena deve ter uns cinco anos de idade, é muito inteligente e a família a ama como se fosse a própria filha. Mas vamos ao caso que o trouxe aqui. A acusação é verdadeira? Você a engravidou?

— A acusação é injusta! O senhor conhece a fazendeira e sabe o que pode estar embutido nessa história, possivelmente está querendo desmoralizar o clero. Ela é seguidora daquele francês, Allan Kardec, o mesmo que influenciou o farmacêutico Cairbar Schutel, de Matão, que vem nos causando sérios dissabores com a divulgação da doutrina espírita em nossa região e no exterior, com os jornais e as revistas que produz. Aquela mulher é capaz de tudo para nos prejudicar!

— Então a acusação não é verdadeira?

— É e não é. Estive na casa da moça algumas vezes, isso é verdade. Ela me procurou na Igreja com alguns problemas e prometi que a visitaria em sua casa na fazenda. Mas não passou disso. Sei que está grávida, mas ela estava namorando um moço da fazenda. Agora Dona Beatriz quer me desmoralizar, só porque estive na casa da moça sem autorização dela, a proprietária das terras! Não sou o responsável por essa tragédia! Sou fiel cumpridor do Código de Direito Canônico, que impõe o celibato a todos os sacerdotes da Igreja. Quero trazer em mim a virgindade de Cristo!

— Acredito em você e sei do que os inimigos da Igreja são capazes. Temos que nos manter atentos e unidos contra as investidas do mal. Vamos aguardar para ver quais as providências que deveremos tomar neste caso. Pode ser que você não seja acusado formalmente. Vamos manter o pensamento positivo, que as luzes do Cristo iluminarão nosso caminho. Não perca horas de sono com bobagens. Afaste-se daquela fazenda. E continue trabalhando com afinco, na Igreja e no Colégio, para servir de exemplo àqueles que estiverem desconfiados do seu comportamento. Reconhece-se o verdadeiro cristão pelas suas obras, não se esqueça! Trabalhe com ardor, como verdadeiro cristão que você é!

Aquelas palavras foram um alívio para o Padre

Augusto. Conseguira um forte aliado, que certamente o defenderia na hipótese de um processo disciplinar. Não se esquecera da promessa que fizera, de dar o nascituro para um casal que queria ter filhos, mas não podia. Mas restavam ainda alguns meses de gravidez e até lá a situação poderia se ajeitar. Ela não concordou em dar o filho, mas seus pais, diante das dificuldades previsíveis para a criação de uma criança não planejada, aceitaram de bom grado a sugestão do padre. E aquela família pobre não teria outra saída, pensava.

CAPÍTULO 4

A VISITA DE PEDRO

Pedro era alto, forte, cabelos lisos e claros, olhos verdes profundos, que demonstravam inteligência e segurança. Nascera naquela fazenda, seus pais eram trabalhadores de confiança e amigos da Dona Beatriz. Ele vivia momentos de angústia, aguardando uma resposta de Iracema, sua amada. Para ela pedir aquele afastamento temporário, desconfiava que fosse devido às exigências do pai, que não queria um namoro que pudesse prejudicá-la nos estudos, mas também poderia ser a incerteza, se o amava ou não, diante desse quadro considerava natural e proveitosas as visitas do Padre, que poderia ampará-la nas dúvidas que trazia na alma, e isso era bom, pois, apesar de não frequentar a Igreja, conhecia o valor dos ensinamentos cristãos, e assim, dentro de pouco tempo, ela voltaria para seus braços e seriam felizes. Como esse retorno estava demorando a acontecer, tomou coragem e foi procurá-la, para saber o que havia decidido em relação aos dois. Aguardou o momento certo e, numa bela tarde, apareceu na casa da jovem.

— Iracema, estou com saudades. Não estou aguentando esse distanciamento. Você pediu um tempo que está parecendo uma eternidade. Demorou a me chamar, então resolvi aparecer. Deu um lindo sorriso, ofereceu um ramalhete de flores que havia colhido por ali, e aguardou o abraço da amada. Iracema, tomada de surpresa, ficou nervosa, não sabia o que dizer, mas procurou ser gentil, escondendo seu constrangimento diante do jovem que ela ainda amava, mas que agora sabia ser impossível a reconciliação. A vida tinha tomado outro rumo. Pedro percebeu a inquietação dela e procurou acalmá-la com carinho:

— Desculpe não tê-la avisado da minha chegada, tenho trabalhado bastante, vida corrida. A fazenda tem crescido muito com os negócios do café. Enquanto falava, apertava o chapéu de palha nas mãos, demonstrando nervosismo, e continuou inseguro:

— Iracema, só penso em você e achei que estava na hora de voltar pra saber se você ainda pensa em mim.

Ele acertou em cheio, ela não pensava em outra coisa, ainda o amava e muito, só pensava nele, mas depois do que fez, sabia que não seria perdoada, que tudo estava perdido. E sem saber o que dizer, pôs-se a chorar. Ele a abraçou carinhosamente e ficaram assim durante alguns minutos, até que ela afastou-se resoluta e disse com energia, enquanto enxugava as lágrimas que banhavam seu rosto:

— Pedro eu te amo, mas cometi um erro irreparável, e nosso amor agora é impossível. Não peço seu perdão, porque não mereço ser perdoada. Errei, e não quero fazer você infeliz. Deixe-me em paz, é o que lhe peço. Arrume outro amor, que você merece outra mulher, um bom casamento. Você é trabalhador, homem bom, honesto, será bom pai de família. Não tenho mais condições de recebê-lo. Agora tenho outro amor dentro de mim.

E, baixando os olhos, colocou a mão sobre a barriga.

— Dona Beatriz esteve comigo e vai me ajudar.

Pedro sentiu um choque no peito e precisou apoiar-se para não cair. E quase sem forças, entre lágrimas, disse:

— Você me traiu?

— Não, nós não estávamos namorando, mas eu traí a confiança de todos os que me amam, meus pais e meu irmão querido. Não quero que você sofra comigo, já errei muito. Deixe-me em paz. Procure outra pessoa para fazê-lo feliz.

— Não vou conseguir esquecê-la Iracema. Eu quero você. Você é o amor de minha vida. Não importa o que você fez.

— Não insista, siga o seu caminho.

— Quem foi o homem que a desgraçou?

— Não vou falar, não quero tocar nesse assunto. Esse é um problema meu! Você não tem o direito de abrir a ferida que trago no peito. Agora me deixe em paz, quero viver a minha vida! A minha vida e a do meu filho!

E apontou a porta para que ele se retirasse. Cambaleando, sentindo uma dor profunda na alma, Pedro montou seu cavalo e saiu em disparada sem rumo, banhado em lágrimas, como querendo acordar logo daquele pesadelo. Iracema jogou-se na cama chorando e desejou morrer, mas já sentia no ventre os primeiros sinais do filho, que ela estava aprendendo a amar. E demonstrava esse amor quando preparava o enxoval do ser que estava a caminho. Ficava horas bordando caprichosamente, transformando panos alvejados em roupas alegres e coloridas que serviriam ao filho amado. Chorou muito e acabou por adormecer.

Algumas pessoas, que não eram poucas, sabiam que Iracema estava grávida do Padre, e estavam preocupadas com a volta de Pedro à casa da amada, da reação dele quando soubesse a verdade. Como geralmente acontece com os traídos, Pedro estava sendo o último a saber. Zenóbio ficou nas imediações da casa, espreitando o desenrolar da conversa. Quando viu que o moço saiu em desabalada carreira, tratou de segui-lo e o alcançou perto do bosque. O jovem chorava muito e jurava vingança. Queria matar o homem que roubou sua felicidade e que estava fazendo a Iracema sofrer. O administrador reconheceu que o moço estava louco de ódio, e isso não era bom. Naquela região, matava-se e se mandava matar por muito menos.

— Zenóbio, meu amigo, você sabe quem arruinou a minha vida? Conte-me! Você é meu amigo!

O capataz não tinha outra opção, porque o caso era de conhecimento público.

— Pedro, não condene ninguém, ele se apaixonou

pela Iracema, mas está impedido de se casar, senão acredito que se casaria, que repararia o mal que fez.

— Então ele é casado?

— Não, ele é o Padre Augusto!

Pedro sofreu o segundo choque daquela tarde fatídica. Nunca poderia imaginar que o Padre fosse a causa da sua imensa dor.

— O Padre? Justamente o Padre? Eu achava que ele estava dando orientação espiritual para a Iracema! Sabia que não saía da casa dela, mas não desconfiei de nada. Como fui ingênuo! É a segunda vez que ele faz isso! Você ficou sabendo da moça daquela outra fazenda? Estou decidido. Vou lavar a minha honra! Ela também deve estar sofrendo, sei que me ama. Vou resolver todos esses problemas, você pode estar certo.

— Pedro, em primeiro lugar, quero lembrá-lo de que ninguém morre, a morte não existe, você já tem conhecimento disso.

— Concordo plenamente, mas ele não vai viver aqui na Terra, espalhando infelicidade e destruindo corações. Se não soube respeitar os outros, vai voltar para o mundo espiritual, para o umbral, de onde não deveria ter saído. Ele não é representante de Deus coisa nenhuma!

— Pedro, quem dá e quem tira a vida é Deus. Você não é Deus!

— Ele me deu o livre-arbítrio para usar de acordo com minha vontade. Na minha vida quem manda sou eu. Pare de me atormentar com suas palavras vazias! Se estivesse em meu lugar faria pior, eu o conheço muito bem.

Foi o argumento exato que calou Zenóbio por alguns instantes, que não ficaria impassível numa situação semelhante. E, inseguro, sem muita convicção, tentou ainda demover o amigo da intenção de se vingar:

— Pedro, pode ser que você tenha razão, mas vai levar na consciência, para o resto da vida, a culpa do crime cometido. E, mais cedo ou mais tarde, terá de pagar pelo mal praticado, na lei dos homens e na lei de Deus. Não vale a pena. Pense nisso. Não tome decisões precipitadas, você está nervoso, acalme-se. Espere um pouco. Reflita, peça ajuda aos Espíritos Superiores em suas preces.

— Não, isso não posso fazer, se fizer isso, não mato. Quero manter o ódio vivo dentro de mim para adquirir as forças de que necessito!

CAPÍTULO 5

O ATAQUE AO PADRE

João chegou a casa mais tarde naquele dia e viu sua irmã deitada, chorando. Fazia dias que ela trazia no rosto a tristeza que carregava na alma. Na mesa, o vaso com as flores que ela ganhara do Pedro. A casa ainda estava por arrumar. Era assim quase todos os dias, ela se cansava facilmente e não conseguia terminar as tarefas do lar. João era o irmão mais novo, havia acompanhado todo o drama da família desde o anúncio da gravidez indesejada. Os dois irmãos mais velhos já eram casados e viviam em outras fazendas da região. Seus pensamentos eram fixos, queria vingar a irmã, e arquitetava como matar o Padre, que considerava um homem da pior espécie, que deveria ser eliminado da face da Terra o quanto antes. Havia se aproveitado da sua condição de religioso, para adquirir a confiança dos seus pais, infiltrar-se na sua casa e desonrar sua irmã, que acreditou em suas mentiras. Merecia morrer, é o que pensava dia e noite. E foi pedir ajuda aos amigos, pois acreditava que não era forte o suficiente para abater o padre numa briga de igual para igual. Dois dos seus companheiros de trabalho, conhecedores do drama da família, aceitaram o convite e ficaram planejando por alguns dias. Anotaram os horários que o Padre participava da missa e os horários que ele dava aulas no colégio. Tudo fora visto com precisão. Mas ele não podia ser interceptado naquele trajeto habitual, pois as ruas eram movimentadas. Tinham que aguardar uma oportunidade melhor, quando ele estivesse num lugar ermo, sem a presença de testemunhas. Estava difícil, mas a chance apareceria. Num dia desses, o Padre pressentiu que estava sendo seguido e procurou cuidar-se. Já não fazia as visitas aos doentes que moravam na periferia, não se ausentava do centro da cidade. Evitava andar a pé, mesmo nas pequenas distâncias. Impacientes, os jovens discutiram as dificuldades para a abordagem, e resolveram executar o plano numa noite fria, quando as famílias não estivessem com as cadeiras nas calçadas, as ruas estariam desertas. O ponto escolhido foi a entrada da casa paroquial, na Rua Voluntários da Pátria, onde a iluminação era deficiente. E assim foi feito. Numa noite de julho, três jovens a cavalo, armados de facas, aguardaram o Padre, dois numa esquina e outro na esquina debaixo. Não demorou muito, o Padre apareceu em seu cavalo. Fizeram o cerco. Quando o Padre percebeu a emboscada, deu meia volta, mas o animal assustou-se, escorregou nas pedras do leito carroçável e caiu. O Padre correu a pé em sentido contrário e pulou o muro de uma casa, como um gato, assustado com o brilho das lâminas que viu nas mãos dos jovens. Depois percebeu que fora ferido no braço esquerdo, mas sem gravidade. Os moços fugiram em velocidade. A queda inesperada do Padre foi providencial, caído ficou fora do alcance dos golpes. Mesmo no escuro, o Padre reconheceu apenas o João, irmão da Iracema, como um de seus agressores, mas resolveu não contar nada à polícia nem a ninguém. Desesperado, no dia imediato, procurou seu orientador espiritual e pediu remoção para outra paróquia, não queria morrer daquela maneira. Queria sumir da cidade, o mais rápido possível. Padre Carmelo recebeu o amigo e confidente com séria preocupação.

— Padre Augusto, não me parece que esse seu ferimento seja golpe de faca, acho que você machucou-se ao cair.

— Padre Carmelo, levantei o braço para me defender do golpe e me feri. Minha sorte foi que não apearam dos cavalos. Seria o meu fim. Não tinha ninguém na rua, ninguém para me defender, e aquele trecho é mal iluminado. Apesar do susto, reconheci um deles, mas não desconfio do motivo porque me procuravam. Disse com um sorriso cínico, que foi respondido por seu interlocutor com uma bela risada.

— Sei que esses covardes voltarão para terminar o que não fizeram ontem à noite. Estou preocupado e preciso de proteção com urgência. Quero pedir transferência para outra cidade, estou com medo de continuar aqui arriscando a minha vida.

— O único lugar onde posso conseguir uma transferência urgente é para São Paulo, para a Capital, onde temos dificuldades para atender o grande número de fiéis. Posso mandar uma carta para o Bispo, mas um telegrama será mais eficiente, devido à gravidade do caso. Vou dizer que você está sofrendo ameaças políticas, que se você continuar por aqui pode morrer numa tocaia. Araraquara é famosa pelo linchamento dos Britos, ele vai entender meu pedido. E quando você estiver longe daqui, vou comunicar ao delegado para investigar o ocorrido e tomar as providências enérgicas que o caso requer. O que está acontecendo é uma afronta à Igreja! Uma falta de respeito à nossa autoridade religiosa. Os bandidos devem pagar pelo que fizeram! Vamos exigir justiça, mas não agora, primeiro você deve partir com urgência.

— Não tenho como pagar sua ajuda, somente Deus, nosso Pai, poderá retribuí-lo. Agradeceu com sinceridade, pois não imaginava uma solução tão rápida assim.

— Mas estive pensando...

Disse o Padre Carmelo, que estava seriamente preocupado com a segurança do seu protegido.

— Não poderemos divulgar sua transferência para São Paulo, não é aconselhável. Você corre o risco de perder a vida, mesmo estando longe, os fanáticos são capazes de qualquer coisa. Vou divulgar que você está num retiro espiritual em Rio Claro e voltará dentro de alguns dias. Depois me encarrego das explicações aos nossos paroquianos. E, se necessário, vou assumir as suas aulas no Colégio. O importante é você estar seguro, fora de perigo! Chegando a seu destino, por segurança, não mande telegrama nem carta alguma. Sei que lá você estará seguro, recomeçando nova vida.

E abraçaram-se com lágrimas nos olhos, pois não sabiam quando a situação voltaria à normalidade nem quando se reencontrariam. Padre Carmelo aproveitou para refazer o curativo no braço do fiel amigo.

No dia imediato, antes do amanhecer, o Padre Augusto, muito nervoso, embarcou secretamente na primeira classe do trem da Araraquarense, em direção à Capital, em mudança definitiva, sem despedir-se de ninguém. Na segunda classe, um passageiro que o estava seguindo há vários dias, elegantemente trajado, assentou-se próximo à janela, no segundo vagão. Era o Pedro, com chapéu de feltro e terno escuro, emprestados do Zenóbio, que cerrou os dentes com ódio e pensou:

— *O malandro pensa que pode fugir com facilidade!*

CAPÍTULO 6

O COLÉGIO
MACKENZIE

O Colégio Mackenzie era mantido pela Associação Mackenzie de Araraquara, composta por fazendeiros e políticos araraquarenses, da qual Beatriz fazia parte como uma das mantenedoras. A escola ministrava os cursos preliminar, intermediário, secundário, comercial e agrícola, em regime de internato para meninos e externato para ambos os sexos. Além do francês, ensinava aulas de português, inglês, física, piano e ginástica. Uma das disciplinas que aproximava as meninas dos afazeres domésticos, era a de trabalhos manuais e trabalhos artísticos, objetivo maior da instituição. A formação oferecida pelo Colégio buscava preparar as moças para a vida, tanto doméstica, quanto social. Havia um programa para a concessão de bolsas de estudo para as alunas pobres, desde que aproveitáveis e virtuosas. A Diretora do Colégio, após constatar a procedência das informações que recebera, reuniu-se em assembleia com alguns dos professores e tomaram a decisão de expulsar a aluna que tivera um comportamento inadequado: era solteira e ficou grávida. Como parte das normas da escola, enviou um estafeta à Fazenda Ponte Alta, convidando Dona Beatriz, responsável pela matrícula da moça, para uma reunião em data e horário da conveniência da fazendeira. A reunião fora marcada para a primeira segunda-feira do mês, para aproveitar o dia em que a fazendeira costumeiramente fazia compras na cidade. A Diretora gostaria que o Padre Augusto de Maria, que participou da assembleia, estivesse presente à reunião, pois, como professor do Colégio, teria mais habilidade para tratar assunto dessa natureza, mas, infelizmente, fazia alguns dias que ele se encontrava num retiro espiritual em Rio Claro. O Gabinete da Diretora ficava à direita do saguão de entrada. Era bem decorado, demonstrando o requinte da administradora, que dispôs com muito bom gosto os objetos de decoração, alguns confeccionados pelos próprios alunos da escola. Uma confortável poltrona de couro enriquecia a sala ampla. Dona Margarida usava os cabelos curtos, tingidos na cor da castanha madura, última moda em Paris, e seus brincos de pérola destacavam seu rosto alvo, emoldurado por um leve sorriso, que mostrava a firmeza de seu caráter. Sua blusa de linho, em todo o contorno da gola, ostentava um fino bordado de flores multicoloridas. Quando a funcionária assistente comunicou a chegada da fazendeira, a Diretora levantou-se rapidamente, conferiu com elegância o penteado discreto, e foi até o corredor recepcioná-la com entusiasmo e respeito. Dona Beatriz era conhecida como protetora de alguns alunos da escola, alguns eram seus funcionários na fazenda. Depois dos elogios aos objetos de arte e à elegância da sala, Beatriz falou com simpatia:

— É um prazer visitá-la, Margarida. Em que posso servi-la?

— Confesso a você que o assunto é delicado, porque sei dos cuidados que você tem com seus empregados, mas devo informá-la, com tristeza, que a aluna Iracema Maria da Silva não poderá frequentar a escola, está impedida de assistir às aulas, em virtude de seu comportamento impuro, que feriu as normas pedagógicas do Colégio. Essa decisão do Conselho Pedagógico visa preservar a estudante das insinuações e dos ataques maldosos da sociedade e possibilitar que, em seu resguardo, recupere-se do acontecido. E apresentou um comunicado, assinado por quase todos os professores. Beatriz leu o documento rapidamente e teve a atenção voltada para uma das assinaturas, logo abaixo da assinatura da Diretora, que principiava com o título: Padre.

— Margarida, de quem é essa assinatura?

— É do Padre Augusto de Maria, um de nossos professores.

— Ele estava na reunião que tratou da expulsão da Iracema?

— Sim, e a senhora pode confirmar pela assinatura, que ele concorda que ela deva se afastar das aulas e da convivência com as outras alunas.

— Só isso que ele falou?

— Não, a senhora sabe que ele é defensor ferrenho da religião que abraçou, e aproveitou para dizer que cabe à Igreja e ao Colégio zelar pela difusão da fé cristã, zelando pela formação espiritual e moral do indivíduo. Que, como Iracema não é católica, foi vítima do mal que campeia no mundo.

Beatriz conteve-se a muito custo. Aquelas palavras só poderiam ter sido pronunciadas pelo Padre hipócrita que ela conhecera e, fingindo-se calma, perguntou:

— Ele disse mais alguma coisa?

— Pediu que entregasse a ela esse santinho.

E, abrindo a gaveta da mesa, do lado direito,

retirou um pequeno folheto com uma bela imagem que dizia: "Piedade, pureza e bondade: eis o caminho reto da donzela à felicidade".

— Por favor, Dona Beatriz, faça chegar às mãos da Iracema.

Beatriz pegou o papel e rasgou-o em vários pedacinhos, jogando-o na cesta de vime, que servia de lixo, ante o olhar assustado da diretora.

— Não faça isso, Dona Beatriz. Este santinho tem muito valor! A mulher, por ser presa fácil do mal, deve estar sob constante vigilância para resguardar sua pureza! O Padre está preocupado com a salvação dessa jovem!

— Margarida, a jovem Iracema foi presa fácil do Padre, ele é o mal que ronda à solta! Ele não está preocupado com nenhuma de suas alunas, muito menos com a Iracema!

— Sei o quanto suas contribuições são impor-tantes para a manutenção da Escola, mas peço-lhe que respeite um dos nossos melhores professores! Ele não é o que a senhora está pensando! Não pode ser! Nós ensinamos aqui que as moças devem evitar as companhias que prejudicam a consciência. O Padre Augusto leciona que as moças devem tomar cuidado para não se sujarem ao enfrentar o mundo externo, que é necessário toda atenção quando saem do manto protetor do Colégio! E as leituras perniciosas, as revistas de moda, significam um destes perigos, assim como as companhias ruins.

Beatriz reagiu impaciente:

— Margarida, esse padre é fingido e hipócrita, ele é o mal a que a senhora se refere, ele é o representante das trevas dentro desse Colégio!

— Não admito que a senhora fale dessa maneira de um dos nossos melhores professores, de um dos nossos melhores orientadores! Defensor da boa moral e dos ensinos católicos!

Beatriz perdeu a calma, levantou-se e falou em bom-tom:

— Margarida, a Iracema está esperando um filho do Padre Augusto! Ele é que deveria ser expulso do Colégio e não ela!

— Oh! Não!

A Diretora ficou alguns segundos paralisada, olhando para o vazio, depois virou os olhos e desmaiou, caindo com estrondo da cadeira. Com o barulho, sua assistente entrou correndo, tropeçou no tapete, que ficava na entrada da porta, e caiu em cima da Administradora do Colégio que não se machucou, pois na queda ficou com a cabeça dentro da cesta de vime.

A ausência do Padre Augusto, sem prévio aviso, causou a indignação de muitos. As explicações do Padre Carmelo, de que ele fora chamado repentinamente para colaborar num retiro espiritual, não agradou às pessoas de sua convivência. Não aceitaram aquela viagem inesperada e, à boca pequena, chamavam-no de irresponsável. Ele não poderia ter escolhido outro período para se ausentar? Quem deveria substituí-lo nas aulas do Colégio? Padre Carmelo colaborou nos primeiros dias, mas não era bom professor, tinha conhecimentos, mas não a didática que a função exigia. E as atividades paroquiais? Foi lastimável a atitude do Padre Augusto, diziam. Algumas vezes, Padre Carmelo concluiu que se precipitara ao sugerir a fuga, mas se o amigo continuasse na cidade poderia morrer a qualquer momento. O problema seriam as aulas mal dadas, pois o fugitivo era bom professor. Na igreja não haveria problemas, os fiéis estavam acostumados com as transferências rotineiras de padres de cidade para cidade, e as missas eram em latim, ninguém entendia nada mesmo. Achava que, depois de alguns dias, os comentários cessariam, e tudo voltaria ao normal. Mas estava difícil ouvir as críticas sem poder tomar providências.

CAPÍTULO 7

A VISITA DE CAIRBAR SCHUTEL

Desde 1905, na vizinha cidade de Matão, Cairbar Schutel editava semanalmente o jornal espírita *O Clarim*, que era distribuído nos trens da Araraquarense. Quando saía o jornal, Cairbar tomava o trem e ia entregando gratuitamente o exemplar a todos os passageiros, descia na próxima estação, aguardava o trem que vinha em sentido contrário e retornava para Matão, distribuindo os jornais até que se esgotassem. E pensava consigo: "Muitas dessas sementes germinarão." Foi um trabalhador incansável, conhecido como o Bandeirante do Espiritismo, pelo trabalho de divulgação das revelações dos Espíritos naqueles tempos difíceis.

Beatriz tomou contato com a Doutrina Espírita por intermédio de um desses jornais. Numa viagem que realizou a São Paulo, pegou o periódico no banco do trem e interessou-se por aquelas informações, que a consolaram num momento difícil de sua vida. Procurou conhecer Cairbar Schutel e se tornaram amigos. Cairbar era um homem caridoso, possuidor de brilhante cultura e sobretudo de notória autoridade moral, uma criatura nobre, que empregava todos os esforços possíveis para explicar com clareza os ensinamentos de Jesus, e diminuir o sofrimento de seus semelhantes. Suas palavras transformavam o ambiente onde estivesse e isso o fazia admirado pelas pessoas, que requisitavam sua presença, com exceção dos padres que viam nele um inimigo, por que o cristianismo divulgado por Cairbar contrariava os postulados da igreja católica. Naquele ano, o Apóstolo de Matão realizara um de seus maiores objetivos: lançou a *Revista Internacional de Espiritismo*, levando o conhecimento espírita para além fronteiras.

Beatriz enviou um telegrama para Matão e recebeu a resposta de Cairbar de que estaria em Araraquara, na próxima quarta-feira, no primeiro trem, isto é, chegaria à parte da manhã. Era a senha para o almoço. A alegria tomou conta da fazendeira. Privar de alguns momentos com o Intendente[1] de Matão era uma oportunidade única. Anteviu os momentos emocionantes que teriam, as conversações sadias, os ensinamentos profundos, as interpretações das passagens evangélicas, as orientações para a vida. A fazendeira principiou a dar ordens para todos os serviçais, para que a recepção fosse impecável. Admirava a simplicidade e humildade daquele homem, mas queria fazer tudo

---

[1] Intendente equivalia ao cargo de Prefeito da cidade, que Cairbar Schutel exerceu por duas vezes: a primeira na fundação da cidade, de 28 de março a 07 de outubro de 1899, e de 18 de agosto a 15 de outubro de 1900, conforme consta das atas e dos registros históricos da municipalidade Matonense

com esmero, queria preparar uma refeição deliciosa, mesmo sabendo que ele se alimentava frugalmente. Não poderia faltar o bolo de laranja, que Cairbar elogiava com razão. Era extremamente grata a tudo o que o editor de *O Clarim* fizera em sua vida, e estava muito feliz com a visita, que se repetia algumas vezes ao ano, mas todas as vezes era um acontecimento marcante. Avisou Mário, seu marido, que, como sempre, iria buscá-lo de charrete na estação. Na recepção nas portas da estação ferroviária, abraçaram-se demoradamente como irmãos que se amam. A caminho da fazenda, Cairbar comentou as novidades, a alegria pelo lançamento da revista, mas reservou a melhor surpresa para contar quando chegasse à fazenda. Após os efusivos cumprimentos, Beatriz tomou a palavra:

— Seu Schutel, é uma grande honra recebê-lo em nossa casa! Nós o consideramos mais do que um parente, um amigo querido, o pai bondoso que a gente não vê a hora de chegar e que a gente não quer que vá embora. Parabéns pelo trabalho incansável de divulgar a Doutrina Consoladora, ainda mais agora com o lançamento da Revista Internacional do Espiritismo. Tivemos o prazer de receber nosso exemplar e ficamos emocionados com seu valoroso trabalho.

Disse Beatriz com emoção sincera e com um brilho de alegria nos olhos.

— A Revista é um trabalho dos nossos guias espirituais, a quem não me canso de agradecer. Sinceramente estou muito feliz pela concretização desse objetivo, que tem como meta principal levar a Doutrina para um número maior de irmãos. Agradeço pela forma como sou recebido nessa fazenda, pelo carinho de todos. Ainda estou longe de ser o que vocês pensam que eu sou. Mas agradeço de todo coração, pois renovo minhas energias nos contatos com os amigos queridos, me reabasteço para continuar as atividades de cada dia. Beatriz, tenho lido e raciocinado sobre o que você me escreve nas cartas periódicas. Suas palavras gentis, encaminho-as para nosso Mestre Jesus, o mérito é Dele.

E, se dirigindo ao casal, disse com humildade:

— A regra que devemos seguir em nossa vida é clara: "Fora da caridade não há salvação". Jesus está conosco, está no leme de nossa vida, está cuidando de cada um de nós. Continuem firmes nos trabalhos espirituais que realizam aqui na fazenda. Continuem divulgando os ensinamentos de Jesus, sem as modificações impostas pela Igreja. Muitos estão sendo beneficiados. E os seus guias espirituais estarão velando por vocês.

Logo após o delicioso almoço e a sobremesa imperdível, Cairbar pegou sua maleta de couro, abriu-a sorridente e disse:

— Agora a surpresa, trouxe para vocês um pequeno mimo, meu novo livro: "Espiritismo e Materialismo". Espero que gostem. Já coloquei a dedicatória com as palavras que brotaram do meu coração.

E a leu com cuidado:

— "Para os meus filhos queridos Beatriz e Mário, uma obra despretensiosa, que foi escrita com o auxílio dos meus guias e protetores espirituais. Que ela nos auxilie a alcançar a felicidade espiritual, ensinando-nos a paz, a esperança e a fé. Cairbar Schutel, Matão, 1925".

Beatriz tomou o livro nas mãos como se recebe uma jóia, folheou-o com atenção e, com lágrimas nos olhos pela emoção do momento, falou com um sorriso de gratidão:

— Seu Schutel, nas reuniões mediúnicas estamos estudando aquele seu outro presente. E pegou na estante do canto da sala, um livro surrado, cheio de anotações, de autoria do visitante: "Médiuns e Mediunidade". Olha, faz dois anos que ganhamos essa preciosidade. De tanto uso está se desfazendo, precisamos de outro exemplar com urgência!

Falou apontando com o dedo a dedicatória de 1923.

— Estamos estudando nos trabalhos práticos de mediunidade.

Cairbar fez um gesto para interrompê-la e esclareceu:

— O livro para o estudo sério das reuniões mediúnicas deve ser o *Livro dos Médiuns*, de Allan Kardec.

— Concordamos plenamente, e o temos usado também, mas o seu livro é muito fácil, didático, e está ao alcance dos médiuns aqui da fazenda. Não vamos cortar o pé de café que está florindo.

E riram com satisfação. Cairbar falou ainda sobre os assinantes da revista e os países que a estavam recebendo.

Havia na fazenda um grupo que se reunia sob a coordenação do Mario, do qual participavam diversos trabalhadores, para o exercício da mediunidade e o estudo das obras de Allan Kardec.

Depois Beatriz aproveitou para contar os acontecimentos tristes, a intromissão do padre na fazenda, a gravidez de Iracema, a sua expulsão da escola. Cairbar ouviu com atenção e falou com segurança:

— Infelizmente a Igreja está determinada a proteger os seus, colocam instintivamente o bem da Igreja acima do bem das vítimas. A primeira pergunta que fazem, não é como podemos ajudar as mulheres, mas o que devemos fazer com os padres? O celibato não deveria ser obrigatório, pois muitos padres não têm condições de cumpri-lo, é uma obrigatoriedade contrária à natureza humana, deveria ser uma decisão espontânea de cada um. O que nos resta nesses casos é amparar as mães e os filhos, fazer o que estiver ao nosso alcance, fazer o bem pelo prazer de servir. Um dia a Igreja Católica vai corrigir-se desse e de outros erros cometidos. O progresso é inexorável. Vamos confiar em Deus.

CAPÍTULO 8

O ENSINAMENTO DO PERDÃO

Após dois dias do encontro que tivera com o Bandeirante do Espiritismo, Beatriz convidou Iracema para um chá da tarde na Casa Grande, com bolachas e bolos deliciosos, servidos em porcelanas importadas e talheres de prata. A toalha de linho branco, com motivos florais, engomada com capricho, fora a primeira toalha bordada pela própria Iracema nas aulas do Colégio que, logo após concluir o belo trabalho, presenteou a anfitriã, como gratidão por sua matrícula no Colégio. Os guardanapos, com os mesmos motivos num tom mais suave, guarneciam a elegante mesa preparada com requinte. Iracema prendeu a respiração quando viu a recepção que lhe foi preparada. Ficou emocionada com o respeito da fazendeira por ela. E, mentalmente, agradeceu a Deus por aquilo que julgava não merecer. Beatriz, como que adivinhando os pensamentos da moça, falou após abraçá-la com carinho:

— Não fique surpresa, você merece muito mais! Você está se preparando para ser uma grande mamãe, e isso é bom. Como está sua saúde? E como está o nosso nenê?

— Está se desenvolvendo bem, graças a Deus.

Sinto-o movimentar-se dentro da minha barriga, parece que quer conversar comigo.

E sorriu encabulada. Carinhosamente a anfitriã ofereceu uma poltrona estofada para que a jovem pudesse aproveitar confortavelmente aqueles momentos. Beatriz estava muito feliz e falou sem rodeios:

— Estive no Colégio a convite da diretora, Dona Margarida, e por enquanto, você não vai frequentar as aulas. Após o nascimento de seu filho e o período de amamentação, arrumarei outra escola pra você. Não há com que se preocupar. Agora você tem outras prioridades pra resolver. E não poderia mesmo frequentar as aulas no estado em que encontra.

Disse com um sorriso de aprovação, enquanto tomou as mãos da jovem entre as suas.

— Eu imaginava que isso pudesse acontecer, mas não pensei que seria tão rápido. Peço desculpas à senhora pelo transtorno. Não queria decepcioná-la.

— Você não me decepcionou. Agora me diga, já fez as pazes com o Pedro?

Aquela pergunta surpreendeu Iracema que ficou muda, não sabia o que responder.

— O Pedro não lhe procurou ainda?

Insistiu Beatriz.

— Sim, me procurou e o mandei embora. Fui dura com ele.

E deixou que duas lágrimas corressem por seu rosto, revelando seu estado interior.

— Você precisa perdoar-se.

E abraçou carinhosamente Iracema como se fosse sua filha. Aconchegou-a ao peito e repetiu com doçura:

— Perdoe-se!

— Não! Não consigo. Sabia que estava errada e deixei meu relacionamento continuar. Errei e não mereço ser perdoada.

— Iracema, você não errou, você aprendeu, o que é bem diferente. Não existe erro, existe aprendizado. Por esse motivo precisa perdoar-se. Jesus está lhe perdoando, não está lhe acusando de nada. Ele nunca acusou ninguém. Ele sabe que errar faz parte da vida. Ou você acha que Ele, que nos ensinou a perdoar, não iria perdoá-la? Você quer ser superior a Jesus? Jesus não a condena e você quer condenar-se?

Beatriz começou a sentir que suas palavras estavam surtindo efeito. Iracema chorava em silêncio e dava sinais de que estava concordando com as sábias orientações. A fazendeira acariciou os cabelos da jovem e continuou com sabedoria:

— Sabe por que a gente erra? Para crescer espiritualmente! Não tem um ditado popular que diz: Quem não anda não cai? Pois então, você está andando, está caminhando, está crescendo em espírito, ficando mais experiente.

— Compreendo, mas não está fácil. Estou sofrendo muito.

— É natural, o que não é natural é você agravar o sofrimento, aumentando suas dores. Não é uma atitude inteligente. Pense no futuro do seu filho.

— Como assim?

— Você enganou-se, mas não tem o direito de ferir as pessoas que te amam. Por que você mandou o Pedro embora? Ele te ama, gosta de você e poderá ser o pai de seu filho, se você permitir.

— Impossível! Acho que ele não aceitaria essa responsabilidade.

— Você já perguntou?

— Não. Não tenho coragem. Nem sei se ele vai aparecer depois de nossa conversa, fui muito agressiva no dia em que ele me procurou.

— Deixa o assunto comigo. Vou procurar saber do interesse dele. Procure manter-se calma.

— É muito difícil, só tenho pensamentos negativos, fico triste remoendo o que aconteceu.

— Lembre-se: pensamentos a gente muda, com esforço a gente pode mudar. Basta querer. Podemos controlar o que pensamos. Tente. Imagine o Pedro como seu marido, brincando feliz com seu filho na sala de sua casa. Imagine-se participando das brincadeiras. Abrace os dois com carinho. Veja um lar feliz, com todos vocês reunidos. Você estará criando condições para que as coisas aconteçam da maneira como você está pensando. O pensamento é uma força viva, criativa. Troque os pensamentos, de sombrios para pensamentos felizes, iluminados. Não é difícil. E você se sentirá bem. Agora vamos tomar uma xícara de leite com café, antes que esfrie. E deixe o Pedro comigo.

Iracema sorriu como há muito não fazia. E achou que as bolachas de coco estavam deliciosas!

CAPÍTULO 9

O ENCONTRO DO AFOGADO

Alguns dias depois, a cidade amanheceu em polvorosa. Foi encontrado no Ribeirão das Cruzes um cadáver de homem, pele clara, sem roupa, cabelos pretos, em adiantado estado de putrefação. A polícia não havia recebido nenhuma reclamação de homem desaparecido. O defunto foi levado para o necrotério da Santa Casa de Misericórdia para ser reconhecido pelos possíveis familiares ou amigos. Após a identificação, seria inumado. Coube ao delegado, Dr. Ademar, elucidar o caso, que foi amplamente divulgado nos jornais da cidade. Na parte da manhã, compareceram alguns curiosos e transeuntes, mas não deram nenhuma informação que pudesse ajudar na investigação. O corpo estava muito deformado pelo tempo que ficara submerso. Seria um caso de difícil solução. Dois pescadores se aproximaram e estavam examinando o defunto como se o conhecessem. Pelo comportamento estranho, pareciam bêbados e descontrolados. Falavam alto e faziam brincadeiras com o morto. Com a chegada de um padre, calaram-se e ficaram num canto observando. Cumprindo um dever cristão, pois conhecia quase todos os habitantes da cidade, Padre Carmelo entrou no necrotério com a intenção de abençoar o afogado, dar-lhe a extrema unção. Foi recepcionado pelo Diretor daquela Casa de Saúde que, respeitosamente, o levou até a mesa onde se encontrava o corpo. O Diretor levantou a ponta do lençol que cobria o defunto, e quando o religioso avistou o morto, foi tomado de súbita emoção. Os cabelos pretos lisos, o tamanho do homem deitado na mesa de pedra, o formato dos ombros, os pés, a pele clara, tudo indicava ser o Padre Augusto! Sem poder controlar-se pelo forte nervosismo que o invadiu, ajoelhou-se trêmulo, com as lágrimas banhando o rosto, que mostrava as rugas da experiência sacerdotal, elevou as mãos para o alto e gritou com fervor:

— Pai querido, Senhor dos desesperados e dos aflitos, recebe esse teu filho no Teu seio de amor!

Padre Carmelo deduziu que o afilhado querido fora atacado pelos inimigos na noite em que se preparou para a fuga. Nada do que haviam planejado dera certo. E caiu em pranto convulsivo. O delegado respirou aliviado, o reconhecimento fora feito pela autoridade eclesiástica mais rápido do que imaginava: era o corpo do Padre Augusto que, com certeza, fora assassinado, agrediram-no e jogaram-no no rio. As más línguas comentavam o comportamento desregrado do padre. O defunto não tinha os dentes, o que demonstrava, para o Dr. Ademar, que ele fora vítima de violenta tortura. Os olhos foram devorados pelos peixes. O quadro era de difícil reconhecimento, mas o morto fora identificado por um homem de confiança, de moral ilibada, para a segurança e tranquilidade do delegado de polícia, que agora poderia concluir o inquérito policial. E o Padre Augusto estava ausente da cidade, exatamente no número de dias que se calculava estivera o cadáver submerso. O caso estava bem resolvido. Só precisava depois apurar os responsáveis pelo bárbaro crime.

Nisso, depois de algum tempo, os pescadores, mal vestidos e cheirando a aguardente, aproximaram-se do delegado e disseram com respeito:

— Doutor, esse homem não é Padre coisa nenhuma, é o Pio, nosso amigo, que estava sumido.

Notando o estado deles, que mal se sustentavam em pé, Dr. Ademar disse com energia:

— Vocês não estão em condições de reconhecer

ninguém. Seu amigo Pio deve estar caído em algum canto da cidade. Se vocês não se afastarem vou prendê-los por vadiagem! E tratou de retirá-los daquele ambiente.

As freiras responsáveis pelo atendimento espiritual dos doentes e pelos serviços religiosos do Hospital, com lágrimas nos olhos, deram início ao trabalho de lavar o corpo e vesti-lo com as roupas clericais, que foram trazidas da vizinha cidade de São Carlos. Mas o delegado as interrompeu bruscamente, contrariado. Era ele quem dava as ordens, e não havia ainda autorizado o sepultamento. Precisava colher as pistas, realizar os exames periciais, que pudessem revelar os autores daquele bárbaro crime. Auxiliado por um médico, examinaram meticulosamente o corpo, e procuraram vestígios que pudessem levar à causa da morte e à localização do criminoso ou criminosos. Depois de alguns poucos minutos, concluíram ser impossível o estudo do cadáver, devido ao tempo em ficara submerso, e aos ferimentos causados pelos peixes. Não havia nada mais a ser feito, o exame fora infrutífero. Cansado, chamou as freiras, assinou os papéis do hospital, e liberou o sepultamento. Depois de o corpo ter sido enrolado em faixas com óleo e lavanda, recebeu as vestes, bordadas com linho e seda, e os ricos paramentos destinados a conduzi-lo regiamente ao trono de Deus Pai.

Zenóbio comentou com sua esposa, Dona Mercedes, as dificuldades para o reconhecimento do corpo do Padre Augusto. Muitas pessoas o examinaram, mas apenas o Padre Carmelo conseguiu identificá-lo. Dois bêbados, que passaram por lá, disseram que era o Pio, um amigo de bebedeira, mas o delegado acatou, sem titubear, a palavra do Padre Carmelo, que era o orientador espiritual do defunto, homem ponderado e de confiança do delegado.

Dona Mercedes argumentou com sabedoria, que o delegado deveria tomar o depoimento de mais duas ou três pessoas, para garantir o reconhecimento, e preocupada, perguntou ao marido:

— Por que não chamaram a Iracema para confirmar se era mesmo o padre? Ou não sabiam que ela mantivera um relacionamento com ele?

— Ela foi chamada, mas negou-se a colaborar. Seria levada à força ao necrotério, não fosse a solução chegar pelo depoimento do Padre Carmelo. Respondeu Zenóbio com um sorriso malicioso.

CAPÍTULO 10

OS FUNERAIS
DO PADRE

A urna mortuária foi recebida na Igreja Matriz com o bimbalhar frenético dos sinos, que despertaram os moradores da cidade. A multidão tomou conta das ruas e formaram imensa fila na Catedral. O caixão luxuoso estava lacrado, tinha uma pequena janela de vidro, e fora esculpido na vizinha cidade de São Carlos, com madeira de mogno reluzente e adereços de bronze polido. Apenas aquela pequena abertura de vidro mostrava o rosto do padre e a cabeça enfaixada com fino tecido de linho branco. Uma grande estátua de Jesus com os braços abertos, de bronze, apoiada na escada do altar, abençoava o caixão. Castiçais, com velas brancas acesas, circundavam todo o espaço onde fora depositado o esquife. Coroas e vasos de flores diversas tomavam todo o espaço das laterais. A cerimônia era respeitosamente acompanhada pelos dois bêbados, que foram expulsos do necrotério, mas não podiam ser retirados da Igreja, por ser um lugar público e santo. Dona Margarida, diretora do Colégio, chorava copiosamente abraçada ao esquife. Quando tentaram retirá-la, desfaleceu e rolou sobre o tapete, quase fazendo tombar os castiçais com as velas. Dizem que demorou vários dias para se recuperar da perda irreparável. Foram colocados cordões de isolamento dentro e fora da Igreja para organizar a multidão, que se ajuntou em poucos minutos. Foi pedido reforço ao Distrito Policial de Américo Brasiliense, para manter a organização da cerimônia. Todos queriam se despedir do Padre Augusto.

—Tonico, você tem certeza de que este homem é o Pio? Perguntou um dos bêbados.

— Tenho certeza absoluta, aquela cicatriz no pé esquerdo foi um corte de facão. Os dois dedos da mão direita estavam tortos, foram amassados numa moenda de cana. Ele era meu amigo, reconheci só de ver!

— E agora? O que vamos fazer?

— Não vamos fazer nada. Estão querendo mandar ele pro céu, não sou eu quem vai impedir. E vai ser bom. Ele vai fazer amizade com os anjos e preparar nosso lugar! Só que vai ser obrigado a trocar a pinga pelo vinho.

— Como você sabe que tem vinho no céu?

— Ora, se tem na missa tem no céu!

— É verdade, ele era tão bom que foi promovido

a padre na hora da morte! Falou o amigo com profundo respeito.

— Se você reparar, ele está rindo! Observou o Tonico.

— Pudera! Receber todas essas homenagens depois de tudo que fez!

— Ele está feliz. Bem que merecia! Nunca fez mal a ninguém.

— Agora faça silêncio que o Bispo vai fazer o discurso para o nosso amigo.

— No enterro da minha avó nem padre tinha, a gente não tinha como pagar. Para o Pio contrataram até o Bispo de São Carlos!

O Bispo começou sua oratória, mais ou menos assim:

— Minhas palavras não deverão ser entendidas em sentido diverso daquele que eu lhes desejo emprestar. Têm elas apenas a verdade de um depoimento pessoal, o valor exclusivo de um testamento fiel. O Padre Augusto que aqui está não era um homem comum. Foi designado para ser o representante de Deus na Terra.

Nisso o Tonico, envolvido pela bebida, não se conteve e gritou:

— Ele não é o Padre, ele é o Pio! Ele é o Pio!

O Bispo fez relativa pausa e entendeu orgulhoso que estavam se referindo ao Papa Pio XI, italiano, que governou a Igreja no período de 1922 a 1939, e aquele pobre homem, vencido pela bebida, estava elevando a condição espiritual do Padre Augusto de Maria a Papa, que seria o posto mais elevado que um pároco poderia alcançar aqui na Terra. Sem que ninguém percebesse, o delegado fez um sinal para que Tonico fizesse silêncio. E o Bispo continuou sua fala:

— O Padre Augusto de Maria tinha a vida limpa e bela, não tinha nada de misteriosa, era clara como a luz do sol. Alto, forte, cabelos pretos, risonho, admirado pelos fiéis de nossa Santa Madre Igreja e pelas alunas do Colégio.

Percebeu o lapso e corrigiu-se a tempo, sem perder o ritmo da oratória.

— Admirado pelos alunos também.

Ouviu-se na multidão alguns risinhos daqueles que conheciam a fama do padre.

— Professor exemplar, caridoso e querido por todos, dono de uma modéstia incomum, teve a vida de um Santo. O vigário Augusto falava aos homens numa linguagem simples, cheia de ensinamentos e ternura, aconselhava suas alunas com a doçura do coração, e teve uma vida de missionário, digna dos santos dos céus. Contrário às pompas e elogios, era avesso a tudo que não fosse sábio e justo. Procurava os fiéis simples e despojados de luxo e riqueza para abençoá-los e protegê-los com suas mãos caridosas. Padre Augusto de Maria fugia do convívio dos grandes e poderosos, para se acercar dos pobres e dos humildes, minorar-lhes os sofrimentos e a dor, ministrar-lhes, com a palavra evangélica e, sobretudo, com os exemplos, as regras de viver piedosamente, no mundo onde somos irmãos em Cristo Jesus!

Quase todos que ali estavam, uma grande multidão de fiéis e curiosos, choravam de emoção com as sábias palavras do Bispo, que continuou emocionado:

— Quando não estava na Igreja nem na Escola, estava na casa de alguém, de algum necessitado ou necessitada, socorrendo e amparando, com o coração e a alma de um bom cristão! E, olhando para o caixão à sua frente, arrematou:

— Deus te mandou para a Igreja para fazer o bem, purificar as almas, transmitir conhecimentos como professor amoroso, sofrer pelos outros. Cumpriste a tua penosa missão e voltaste para o paraíso onde moravas, sua casa verdadeira, de onde vieste, sim, porque seres iluminados como tu só têm de humano o corpo! Tua alma é luz celeste, que resplandece por onde passa, não morre, não se extingue, não se apaga jamais! Adeus, Padre Augusto de Maria!

Houve uma explosão de aplausos. Devido à emoção, Padre Carmelo, chorando muito, compenetrado, não aceitou fazer uso da palavra. O povo saiu a pé carregando o ataúde, cantando músicas sacras. Os sinos tocaram por vários minutos. Uma enorme procissão cobria o trajeto, que ia da Igreja Matriz à porta do Cemitério São Bento. Era a última homenagem que se prestava ao religioso.

— Acho que nosso amigo era um santo que vivia disfarçado na Terra! Não tem outra explicação pra tudo isso. E nós, pecadores, não soubemos reconhecer a grandeza de quem bebia com a gente.

Disse um dos bêbados, com sinceridade.

— Que santo nada, ele é o Pio mesmo, um homem bom, só que bebia demais. Falamos a verdade, mas não quiseram nos ouvir. Quando ele chegar ao céu, que é um lugar bem diferente, acho que vai sentir nossa falta.

— Cruz credo, já pensou se ele manda nos chamar?

CAPÍTULO 11

A PERSEGUIÇÃO
DO PADRE
EM SÃO PAULO

O Padre Augusto, ainda nervoso e preocupado com os últimos acontecimentos, desceu na Estação da Luz em São Paulo, sem notar que estava sendo seguido pelo Pedro. Tomou o bonde com destino à Rua Consolação, onde deveria procurar a casa paroquial que seria sua nova morada. Ao localizar a bela moradia de esquina, assobradada, com um belo jardim e muros altos, parou alguns minutos para admirá-la e sorriu agradecido. Mentalmente agradeceu a Deus pela oportunidade de trabalho na Capital. Recebia aquela chance como um grande desafio, iria trabalhar com um público diferente, mais refinado, mais culto. Pensou no Padre Carmelo, um grande amigo, que o tirou rapidamente de uma grande enrascada e conseguiu essa transferência oportuna. Precisava mesmo de novos ares para dar novo rumo à vida. Conforme combinado, não deveria mandar nenhum telegrama avisando de sua chegada, somente se as coisas não caminhassem conforme o planejado. Pedro, do lado oposto da grande avenida, não o perdeu de vista. Ficou um bom tempo observando o movimento incessante de veículos na avenida, o barulho característico dos bondes, os transeuntes apressados, a elegância das mulheres. Confirmou no bar ao lado, se ali em frente era a casa dos padres. Aquele era o seu alvo. Compenetrado de seus propósitos sombrios, não percebeu que a noite aproximou-se rapidamente, a temperatura caiu devagar e trouxe uma neblina fina e persistente. Abriu a pequena mala e tirou um agasalho, que vestiu por baixo do paletó. São Paulo era exatamente o que falavam: a cidade da garoa. Pediu um lanche reforçado e perguntou por uma pensão onde pudesse abrigar-se. A menos de um quarteirão, entrou na pensão dos italianos e registrou-se com o nome de Antonio Carneiro.

Durante a viagem, Pedro tirou a faca que trazia no paletó, embrulhou-a com cuidado num jornal, que estava sobre o banco do trem, e colocou-a na mala que trazia. Ficou pensando que alguém poderia vê-lo com aquela arma e isso não seria bom. No pequeno quarto, ao preparar-se para o sono, selecionou a roupa para o dia seguinte e separou a faca enrolada no periódico. Ao pegar o pequeno pacote, o título de uma notícia no jornal amassado chamou sua atenção: NINGUÉM MORRE. Pensou: *Ninguém morre, mas amanhã alguém vai morrer*. E colocou a faca na gaveta do criado-mudo, ao alcance de sua mão. Cansado do dia que tivera, acomodou-se na cama, apagou a luz e dormiu profundamente. Sonhou que estava numa bonita casa, cujo quintal abrigava uma mangueira frondosa, carregada de frutos. No corredor lateral havia um jardim repleto de flores de todas as cores. Estava casado com Iracema e tinham um filho. Sentiu que era muito feliz. Seu filho, ao vê-lo, correu ao seu encontro e abraçaram-se com alegria. A criança tinha os cabelos pretos lisos, a pele morena e os olhos verdes como os da mãe. Despertou assustado. Era noite alta, virou-se, ajeitou o travesseiro e tentou afastar o sonho que julgava impossível. Acordou cedo com o barulho estranho do bonde na grande avenida. Estava indisposto, mas precisava arrumar-se como se estivesse à procura de emprego. Em São Paulo, as oportunidades de trabalho brotavam de todos os cantos, e seu comportamento deveria ser o mais natural possível, para não levantar suspeitas. Barbeou-se, banhou-se, vestiu o mesmo terno e rumou com fome ao pequeno refeitório da pensão. Após um rápido desjejum voltou ao quarto. Lembrou-se de fazer a prece matinal, como era seu costume, mas recusou-se a fazê-la, não estava preparado, pensava. Para rezar preciso estar com a cabeça livre de problemas. Outros objetivos sinistros povoavam sua mente e o mantinham ocupado. Abriu a gaveta do criado-mudo e desenrolou o jornal que escondia a faca. Uma força estranha o levou à notícia estampada à sua frente, que ele leu mal humorado:

"*Oração Dominical* — O valor da Prece — A prece é um brado da alma, que estabelece colóquio com os poderes superiores e irradia os seus anelos pelo Espaço Infinito, que é o seio de Deus. A prece não está nos lábios, mas no coração; não é uma ação corporal, mas espiritual; não tem fórmulas, nem horas, nem lugares; está fora do tempo e do espaço. Ela pode representar uma súplica, um pedido, uma glorificação ou uma ação de graças. A Oração Dominical, ou do Senhor, reúne todas essas condições. Ela é confissão, é comunhão, é perdão, é humildade, é exaltação de amor. O valor da prece, segundo o Espírito do Cristianismo, não está, pois, no número e na beleza das palavras, mas sim na intenção de quem ora. Muito diferente da dos católicos é a prece dos cristãos. Aquela consta de inumeráveis orações e ladainhas, que não falam ao sentimento, nem exaltam a razão. Constituem elas passatempo com cantos, música de órgão ou orquestra, que deliciam a audição, mas não têm acesso à alma. Quantos católicos, protestantes e até espíritas nós vemos, presos à oração, mas, apesar de repetirem muitas vezes por dia a "Oração Dominical", não perdoam a seus desafetos e vivem com o coração transbordando de ódio! Terá valor essa oração? Estarão eles solicitando o perdão de Deus ou a sua própria condenação, quando dizem: "Senhor, perdoa as minhas ofensas como eu perdoo aos meus ofensores?" Examinem-se os que oram, e escolham se devem continuar a orar com a mesma disposição de espírito."[1]

Recordou-se das reuniões de estudo na fazenda e gostou desse artigo de Cairbar Schutel, publicado no Jornal *O Clarim*, mas não estava com vontade de elevar seu pensamento a Deus. Somente agora notara que a faca estava enrolada nesse jornal que ele conhecia tão bem. Lembrou-se do inimigo que pretendia exterminar e, com raiva evidente, dobrou o jornal de qualquer jeito e voltou a guardá-lo. Colocou a faca no bolso interno do paletó e conferiu o dinheiro que trazia. Só poderia ficar uma semana em São Paulo. Tinha que

---

[1] Capítulo 17 do livro *O Espírito do Cristianismo*, de Cairbar Schutel.

trabalhar rápido. Aproveitou a grande movimentação de pessoas na calçada para esconder-se nas colunas de um prédio próximo. Por volta do horário do almoço, avistou ao longe o Padre Augusto, que vinha conversando animadamente com outro padre, ambos vestindo batina, e entraram na casa conhecida. *Vou esperá-lo à noitinha, quando voltar para jantar ou dormir. Se a boa chance não aparecer, eu o pegarei na manhã seguinte. Acho que os padres se levantam antes de clarear o dia.* — Pensou.

E assim fez, mas o grande movimento de pessoas no início da noite o impediu de aproximar-se do padre para o golpe fatal. Ele seria reconhecido e o padre teria tempo para defender-se. Voltou para a pensão nervoso, para acalmar-se e planejar melhor. Aquela demora o estava deixando ansioso, queria resolver rapidamente a situação, mas não estava conseguindo. Jantou tarde e recolheu-se revoltado. Não era homem de ter sonhos, mas naquela noite teve um sonho diferente. Sonhou que estava andando sobre a belíssima grama verde e avistou uma pessoa vestida de branco, que caminhava em sua direção. O céu de um azul límpido dava à cena uma sensação de paz. Reconheceu sua avó querida, com a qual vivera grande parte de sua infância, suas histórias e brincadeiras.

— Estarei sempre com você, Pedrinho.

Disse a vovó com carinho. Abraçou-a emocionado, as lágrimas o impediam de falar. Ficou extremamente feliz por aquele reencontro. Acordou bem, mas estava introspectivo. Não se lembrava do que conversaram no sonho, mas as palavras do amigo Zenóbio, como que por encanto, não saíam de sua cabeça:

— *Pedro, lembre-se de que ninguém morre, você sabe disso. Quem dá e quem tira a vida é Deus. Você não é Deus!*

Rejeitou aqueles pensamentos contrariado e, antes de o nascer do sol, já estava de sentinela esperando a saída do padre. Ao recostar-se na coluna romana, que o escondia dos transeuntes, ouviu a voz de sua avó, que lhe disse:

— Pedrinho, perdoe. Perdoe, meu filho! Eu te amo tanto, não quero que você cometa um desatino. Perdoe! Você é um homem bom, será um bom pai de família. Terá uma família feliz. Não faça isso! Perdoe! Não estrague a sua vida. Tire do seu coração todo sentimento de vingança. Errando você não será feliz. Você não precisa fazer isso para ser feliz. Perdoe!

Pedro, que era médium, sentiu as vibrações da presença daquele bom espírito e deixou-se envolver pela emoção. Não reteve as lágrimas, que banharam seu rosto naquele momento de elevação espiritual. Chorou ali mesmo na rua, sem se importar com os passantes, aliviando o peso que trazia no peito. As palavras de sua vovó tocaram fundo no seu coração. Deveria obedecê-la como fazia quando criança. Recuou em seus propósitos sombrios. Sentia-se melhor, como que por encanto, e compreendeu que poderia ter complicado sua vida não fosse a ajuda de sua avó. Decidiu esquecer o plano infeliz e seguir as orientações recebidas. Voltou rapidamente para a pensão, pegou suas coisas e tomou o primeiro bonde camarão com destino à Estação da Luz. O coletivo estava praticamente vazio. Para sua surpresa, sentado sozinho no banco do corredor, Padre Augusto de Maria lia compenetrado o jornal do dia. Teria que passar por ele para descer no ponto que se aproximava. O religioso elevou a cabeça e o reconheceu. Arregalou os olhos apavorado, ficou pálido, petrificado de medo, o sangue parou de correr em suas veias. Suas mãos começaram a tremer, sem que ele pudesse se controlar. De pé, quase ao seu lado, estava o noivo da mulher que ele engravidara. Pedro aproximou-se sem titubear, enfiou a mão por dentro do paletó e apertou firme o cabo da faca. O padre viu parte da arma e o gesto agressivo do jovem. Sentiu a presença da morte, moralmente não tinha forças para defender-se, estava aniquilado. Em frações de segundos relembrou os erros cometidos, queria pedir perdão, queria ajoelhar-se, pedir clemência, mas era tarde demais. Pedro olhou nos olhos do infeliz e falou:

— Fique tranquilo, padre, não vou sujar as minhas mãos!

Disse baixinho para que só o padre pudesse ouvir.

Padre Augusto abaixou a cabeça envergonhado e começou a rezar, pensando nas consequências da vida que levava, enquanto Pedro descia apressado rumo à Estação da Luz sem olhar para trás.

CAPÍTULO 12

O INÍCIO DAS INVESTIGAÇÕES

Logo após o enterro do Padre Augusto, a autoridade policial deu início às investigações para descobrir quem matara o sacerdote. O delegado, Dr. Ademar, dizia que havia um boato na cidade, de que o padre havia se envolvido com uma de suas alunas. Aí poderia estar o motivo do crime. A primeira pessoa que depôs na delegacia foi o Padre Carmelo:

— Houve realmente um boato, mas não passou de boato, Padre Augusto foi um santo homem. Hoje deve estar no Paraíso com nosso Senhor Jesus Cristo.

— E por que o senhor o mandou para o retiro espiritual em Rio Claro?

— Ele pediu-me para participar desse retiro, para ficar mergulhado em estudos e orações, renovar a sua alma cansada do trabalho junto aos necessitados. Jesus também se retirava com os apóstolos para orar.

— E saiu sem se despedir de ninguém? Esteve no colégio num dia, deu aulas normalmente, noutro dia havia sumido da cidade. O senhor acha isso normal?

— Dr. Ademar, devo falar a verdade, para não incorrer em pecado perante Deus, nosso Pai. Também não acho normal fazer o que o Padre Augusto fez, mas ele me disse que queria isolar-se para meditar em segredo. Tive que respeitar seu pedido. Depois soube que ele tomou o trem de madrugada, justamente para não ter que se despedir de ninguém. O senhor viu a multidão que acompanhou o enterro dele? Já pensou explicar a toda aquela gente que iria se ausentar por alguns dias? Muitos iriam ficar contrariados, por não aceitarem a separação, mas ele estava esgotado. E o retiro é exclusivo para padres. Seria uma situação difícil. E cada um tem os seus limites, o padre precisava de um retiro afastado e tranquilo.

— Padre Carmelo, quem lhe disse que ele tomou o trem de madrugada?

A pergunta desconcertou o protetor do fugitivo.

— Melhor dizendo, acho que tomou, pois soube que foi à estação comprar a passagem para o trem da madrugada, disse que sairia naquela noite mesmo.

O Delegado não ficou satisfeito, percebeu que seu depoente ficou nervoso ao responder. E continuou o interrogatório.

— Padre Carmelo, o senhor soube que o finado

Padre Augusto teve uma filha, que hoje deve ter mais ou menos uns cinco anos de idade?

— Foi um acontecimento infeliz que hoje está resolvido. Ele foi perdoado.

— Ele não poderia ter outro filho com uma de suas alunas?

— Impossível! Ele estava arrependido e não se submeteria a novas tentações! Isso deve ter lhe custado muitas lágrimas, muito sofrimento, muitas noites de sono! Nós Padres temos os recursos da penitência e do jejum. Dr. Ademar, o celibato é obrigatório, não é opcional. O Padre Augusto poderia abandonar a Igreja e casar-se se fosse o culpado.

— Ou fugir da cidade?

Completou o delegado. Padre Carmelo não gostou do atrevimento do delegado.

— Estou sendo sincero! Falando a verdade que a minha posição exige! Estou falando com base nos meus conhecimentos espirituais adquiridos desde os primeiros anos de seminário!

— Não estou querendo julgar o finado Padre,

quero apenas descobrir quem o matou, ou saber se ele matou-se.

— Alguém o matou, evidentemente. Ele não iria suicidar-se, estava feliz pela oportunidade de se recompor espiritualmente no retiro de Rio Claro e, como padre, tinha um belo futuro pela frente.

— O senhor sabe se ele tinha inimigos?

— Pelo que sei, não tinha inimigos. Era um homem admirado e respeitado por todos.

— O senhor conhece a aluna que foi expulsa do Colégio Mackenzie?

— Não, não a conheço.

— Dizem que ela teve um relacionamento amoroso com o Padre Augusto de Maria, ficou grávida e foi expulsa do Colégio.

— Quem disse isso, mentiu descaradamente! Conheço as moças de hoje. Ela ficou grávida do namorado e jogou a culpa no Padre para proteger seu amado. Dr. Ademar, isso é mais comum do que o senhor pensa.

— Então o Padre Augusto não tem nada com essa gravidez?

— Não. Não é porque pecou uma vez que pecaria sempre! Deve ter sofrido tanto da primeira vez, que juro que não teria coragem de cair em nova armadilha! Arrependeu-se. Aprendeu com a dor, com a lição que a vida lhe deu.

Dr. Ademar ficou insatisfeito com o depoimento. Achava que, pelo fato de o Padre ter morrido, ninguém teria interesse em esconder os fatos, mas percebeu que o amigo do Padre Augusto estava escondendo alguma coisa, querendo preservar sua memória.

O delegado pediu para seus auxiliares prepararem a charrete e partiu em direção à Fazenda Ponte Alta. Foi direto à casa da moça que foi expulsa do Colégio. Notou que era uma bonita jovem, que estava no início da gravidez. Ficou impressionado com a gentileza e educação da futura mamãe.

— A senhora conheceu o Padre Augusto?

— Sim, senhor, eu o conheci.

E começou a chorar baixinho.

— Desculpe, não quero incomodá-la com perguntas desagradáveis. Não tenho nada contra a senhora, nem quero magoá-la. Só preciso saber se o Padre Augusto é o pai do seu filho.

Iracema cobriu o rosto com o lenço que trazia nas mãos. Estava envergonhada demais. Fez sinal que sim com a cabeça e depois completou:

— Ele seria o pai da minha criança.

— Ele prometeu casar-se com a senhora?

— Não, ele queria que eu desse meu bebê para ser criado por outra família.

Dr. Ademar achou o depoimento suficientemente esclarecedor. Agradeceu a gentileza da jovem e já estava se preparando para sair, quando se aproximou da porta da sala o irmão da Iracema. O delegado percebeu que aquele rapaz franzino não tinha condições para matar alguém, mas poderia ter alguma informação interessante.

— O que você fez quando soube do caso?

— Jurei que iria matar o padre que desonrou minha irmã, mas não foi preciso, porque alguém fez o trabalho por mim.

O delegado levou um susto com aquela resposta:

— Você sabe que sou delegado e você pode complicar sua vida?

— Não fui eu quem o matou, mas fiquei feliz com a morte dele.

— João, pare de falar bobagens!

Gritou a irmã desesperada.

— Você sabe quem o matou?

Perguntou o delegado, intranquilo com o rumo da conversação.

— Se soubesse daria um cavalo de presente pra ele.

— Menino, não estou aqui para brincadeiras, houve uma morte e estou encarregado de descobrir o assassino. Você pode me ajudar?

— Não sei quem o matou, se soubesse não diria.

— Exijo respeito! Sou uma autoridade policial! Respeite-me, senão serei obrigado a prendê-lo por desacato!

— Não sei quem matou. Já disse que não sei!

Dr. Ademar tomou a direção da charrete e saiu

em alta velocidade. Fez que não ouviu o grito do garoto:

— Se encontrar o assassino, dê os meus parabéns!

O delegado virou à direita, logo após a frondosa mangueira, que fazia sombra no jardim principal da fazenda. E, aproveitou que estava por ali, para uma rápida visita à fazendeira.

— Dona Beatriz, estou trabalhando para descobrir quem matou o Padre Augusto. A senhora tem alguma pista para me ajudar?

O delegado era respeitado pelos bons trabalhos que realizava na cidade.

— Infelizmente não sei quem poderia ter cometido esse crime. Se souber de alguma coisa avisarei. Por mais que tenha errado, o padre não merecia o fim que teve.

— Estive na casa da senhora Iracema interrogando-a, mas está tudo normal, com exceção do irmão que está revoltado com o sofrimento dela, o que é justo.

— Sabe, delegado, são os impulsos da juventude. Ele não gostou do que o padre fez. O senhor não aceitaria uma xícara de chá ou café? A tarde está convidativa para uma boa conversa.

Um convite da Dona Beatriz era uma honra. Era considerada uma boa administradora e admirada por suas boas obras, pelo trabalho que realizava em benefício de seus empregados e dos necessitados de toda ordem. Dr. Ademar ajeitou-se na cadeira de vime e recebeu um tratamento de rei. Foi servido com bolachas de milho e de coco, bolo de laranja recheado, pão preto, chá, leite, café e uma série de quitutes reservados para as visitas especiais.

— Desculpe por não avisá-la com antecedência da minha visita, estava voltando da casa de Iracema e resolvi parar para cumprimentá-la. Agradeço por essas gentilezas. Muito obrigado mesmo.

O delegado estava todo orgulhoso e envaidecido pela atenção que estava recebendo. E estava aproveitando para admirar a beleza e a simpatia da Dona Beatriz.

Nesse momento, Zénobio entrou na sala e cumprimentou o delegado com respeito, após discutir assuntos de trabalho com Mário, esposo da dona da casa e administrador daquelas terras. O delegado sabia que a gentil fazendeira mantinha reuniões espíritas na fazenda e estava curioso para fazer algumas perguntas. Aproveitou o momento de informalidade e perguntou:

— A senhora continua fazendo reuniões mediúnicas aqui na fazenda?

— Sim, nós nos reunimos semanalmente. Aproveito para convidá-lo a conhecer nossos trabalhos. O Zenóbio é um dos participantes.

— Então posso participar? Mesmo não sabendo nada de espiritismo? Mas trago uma coisa boa comigo: não tenho medo dos espíritos.

Disse com simpatia e todos riram. Zenóbio completou:

— O senhor é o único que não poderia ter medo, é delegado!

— Além do Zenóbio, tem mais alguém que eu conheça e que participa dessas reuniões? Perguntou curioso o Dr. Ademar.

— Somos poucos. Temos o Zenóbio e sua esposa, Dona Débora mãe da Mirtes, Marcos da carroça, José Carlos, Dona Maria, Antonio, Pedro noivo da Iracema, Mário e eu.

— Muito bem, quando o trabalho na delegacia estiver mais tranquilo, vou aparecer, prometo.

E despediu-se apressado. Quem era o Pedro, noivo da moça que acabara de entrevistar?

Quando chegou à delegacia, passou a responsabilidade para seu auxiliar:

— Quero saber todas as informações do Pedro, noivo da moça que foi embuchada pelo padre e expulsa do Colégio. Alguém conhece o moço? Traga-o aqui para dar seu depoimento. Rápido!

CAPÍTULO 13

A PRISÃO DE PEDRO

Quando Pedro desceu as escadarias da Estação de Ferro, em direção às charretes de aluguel, parou surpreso com a chegada do delegado que vinha correndo esbaforido em sua direção.

— Senhor Pedro, o senhor está chegando de viagem agora?

— Sim, estou chegando de São Paulo.

— Quando o senhor partiu?

— Faz uma semana, mais ou menos.

— O senhor está preso sob a acusação de ter matado o Padre Augusto.

— Estive com ele minutos antes de embarcar, ele estava no mesmo bonde que eu em São Paulo.

— Não sou de brincadeiras! E, rapidamente, com a habilidade que a profissão lhe dera, puxou as mãos do jovem para trás e o algemou.

— Deve haver algum engano, senhor delegado. O Padre Augusto está vivo.

— Ele está vivo, mas não aqui! Está em outro mundo. Se o senhor é espírita, sabe disso melhor que eu, respeite os mortos!

Na revista, o delegado encontrou a faca no bolso interno do paletó, que foi apreendida como prova do crime. Imediatamente Pedro foi conduzido à Cadeia Pública, localizada atrás da igreja matriz. Foi colocado numa cela comum. Sua família foi avisada e orientada a procurar um advogado. Pedro entendeu que estava encrencado, mas tinha argumentos para solucionar o grave engano.

Nisso, num canto da cidade, Tonico, apesar de bêbado, olhou para seu amigo Tonho e disse:

— Precisamos resolver a situação do Pio de uma vez por todas. Vamos falar com o delegado.

— Mas o delegado não quer falar com a gente.

— A verdade precisa ser dita, custe o que custar. Não aguento mais essa mentira. O Pio morreu e todo mundo acha que foi o padre. Está errado. Temos que esclarecer essa enganação. Tenho bebido até mais do que bebo, de tanto nervoso e preocupação.

— Eu também tenho bebido mais do que bebia, mas é porque fiz um acordo com o Pio e hoje bebo por ele. Disse rindo.

—Vamos falar com o delegado. Disse Tonico resoluto.

—Você acha que vale a pena? O homem não gosta muito da gente.

E começaram a caminhada em direção à delegacia. Depois de andarem trôpegos por alguns quarteirões, Tonico tentou apoiar-se no amigo, caiu no chão e foi socorrido por um carroceiro, que passava naquele momento, o irmão da Iracema. Os bêbados pediram ao jovem que os levasse à presença do delegado. Aquilo não estava parecendo coisa boa. Bêbado que pede para ir à delegacia é porque o caso é sério demais. Acelerou o cavalo e chegaram ao destino. João ajudou-os a descerem da carroça com dificuldade. Mal paravam em pé. Quando o delegado viu o irmão da Iracema, adiantou-se e foi logo cobrando zombeteiro:

— Pode trazer o cavalo, que você prometeu, que o homem está preso! Ele vai precisar de dinheiro para pagar advogado.

O jovem, sem entender a brincadeira do Dr.

Ademar, saiu em disparada. Os dois alcoólatras estavam encostados na parede, um amparando o outro. Quando o delegado se aproximou, Tonico falou:

— Doutor delegado, queremos marcar uma audiência com o senhor!

— Não tenho tempo a perder. Se vocês vierem com besteiras, vou prendê-los por vadiagem. Entenderam? Não costumo atender vagabundos! Respondeu agressivo o homem da lei.

— Vamos embora que o homem vai prender a gente!

— Não vou embora sem antes explicar tudo o que aconteceu. Falou Tonico, segurando seu amigo pelo braço.

— Se quiserem alguma coisa, digam agora e desapareçam da minha frente! Gritou o delegado irritado.

— Doutor delegado, preciso me sentar para falar. De pé é difícil e cansativo, a história é verdadeira, mas é longa. Pode confiar na gente. Somos gente de bem.

— Vou levá-los para o meu gabinete, mas olhe lá,

se for conversa fiada vão direto para a cadeia.

Tonho, amigo do Tonico, virou-se e fez menção de sair correndo, fugir do delegado, mas não conseguiu, ficou onde estava, as pernas não obedeceram.

Dentro da sala da autoridade, sentaram-se confortavelmente nas poltronas de couro em frente à mesa. O delegado saiu para chamar um de seus auxiliares. Ajeitaram-se da melhor maneira e se sentiram importantes naquela sala ricamente decorada. Nisso o Tonico falou:

— Será que ele foi buscar um cafezinho pra gente? — seu companheiro começou a rir alto e só parou quando levou uma bela cotovelada. O delegado voltou e perguntou com fingida atenção:

— Pois não, o que vocês querem falar comigo?

— Queremos explicar que houve um engano monstruoso. Uma coisa inacreditável. Um absurdo da natureza!

— Desembucha, diga logo o que aconteceu! Gritou o delegado.

— Doutor Ademar, quem morreu afogado foi o

Pio, nosso amigo, e não o Padre. Eu juro!

— É pra isso que vieram aqui? Vocês acham que o Padre Carmelo, o Bispo de São Carlos, as freiras, a diretora do Colégio e o povo dessa cidade são todos idiotas? Só vocês é que sabem a verdade? Eu não falei que iria prendê-los se falassem bobagens?

— Doutor delegado, um minuto, por favor. Antes de o senhor nos prender, preciso falar mais um pouco. Eu quero explicar o que aconteceu.

— Depois que estiverem presos, terão todo o tempo do mundo para explicar o caso do Pio. Agora vão curar-se da bebedeira lá dentro, conforme prometi.

E fez um sinal para o carcereiro, que os levou presos por vadiagem, por incomodarem o sossego público. O Tonico, inconformado, foi o primeiro a puxar conversa com o amigo.

— Ele está prendendo a gente, mas falamos a verdade, isso é o que importa. Agora estou em paz com a minha consciência. Falei o que queria. Não falei mais porque ele não deixou.

— E o que ganhamos com isso, Tonico? Vamos

ficar uns dias aqui na cadeia sem bebida, foi isso o que ganhamos! Respondeu Tonho indignado.

Ao entrarem na cela comum, encontraram Pedro sentado num canto, cabisbaixo.

— E você? Perguntou Tonico apontando para o Pedro. — Está preso por quê?

— O Delegado acha que matei o Padre Augusto.

— Minha Nossa Senhora! Cruz credo! O delegado bebeu mais que a gente! Quem morreu foi o Pio, não foi o Padre. E o delegado prendeu o matador do Padre! Isso é o fim do mundo! E quem matou o Pio?

— Foi a mãe do delegado. Respondeu Tonho, bravo.

CAPÍTULO 14

DONA BEATRIZ
NA DELEGACIA

Dona Beatriz ficou revoltada quando soube da prisão do Pedro. Quem esse delegado pensa que é? — falava consigo mesma. *Conheço Pedrinho desde quando nasceu. É assíduo frequentador das nossas reuniões, trabalhador, estudioso, bom moço. Como pode ser confundido com um criminoso comum*? Esse delegado está passando a carroça na frente dos burros. Pediu que Mário, seu esposo, a acompanhasse, e seguiu direto para a Delegacia de Polícia. Estava tão aturdida, que nem ouviu o que lhe disse o recepcionista do belo prédio de esquina, passou por ele sem pestanejar, e foi entrando pelas refinadas instalações até parar na porta do gabinete do delegado, que estava aberta. Mário tentava acompanhá-la, mas ela ia à frente apressada. Dr. Ademar estava lendo o jornal do dia e não percebeu a ilustre presença.

— Com licença. Disse Beatriz com voz firme, entrando no escritório sem cerimônias. O delegado levantou-se surpreso e perguntou:

— A que devo a honra da visita?

— Delegado, soube que o Pedro está preso e gostaria de saber o motivo.

— Sente-se, por favor. Ele está detido para averiguações. É suspeito de ter matado o Padre Augusto.

— E como o senhor chegou a essa conclusão?

— Existem informações que não podemos dar para não prejudicar as investigações.

— O senhor está afirmando que meu marido e eu poderemos prejudicar o seu trabalho? O senhor me respeite e responda o que lhe perguntei! Por que esse moço está preso?

O delegado conhecia a personalidade enérgica da fazendeira e ficou arrependido do que dissera, percebeu que fora imprevidente; afinal Dona Beatriz e seu esposo eram pessoas idôneas, de extrema confiança, que ele conhecia há muitos anos, e poderiam ajudar as investigações.

— Não foi isso o que quis dizer, é a maldita força do hábito. Todo mundo faz a mesma pergunta, e não posso ficar falando de assuntos confidenciais, que só interessam à polícia; mas, neste caso é diferente, a senhora poderá colaborar com meu trabalho, pois conhece o Pedro, ele é funcionário da sua fazenda.

— E o que ele fez para estar preso?

— Ele é suspeito de ter matado o Padre Augusto.

— Como o senhor chegou a essa conclusão?

— Ele ausentou-se da cidade na mesma data em que o Padre foi para o retiro espiritual em Rio Claro, ninguém sabia dele, sumiu como um fugitivo. A senhora sabe que ele é noivo da Iracema, que está grávida desse Padre. Uma semana depois, o Padre apareceu boiando no Ribeirão das Cruzes, com sinais de que estava morto há uma semana. Após o enterro, com a maior desfaçatez, ele reapareceu nas escadarias da Estação de Ferro, dizendo que chegava de São Paulo, que tinha ficado uns dias por lá. Eu o revistei e encontrei uma faca no seu paletó. Fiz o que deveria ser feito. Dei-lhe voz de prisão. Agora vou ouvir algumas testemunhas, concluir o inquérito e mandar para o juiz.

— Vamos embora. Mário falou baixinho para que só Beatriz pudesse ouvi-lo.

Ela respondeu com um olhar de: fique quieto!

— Só por isso ele está preso? Perguntou Beatriz demonstrando insatisfação.

— Como só por isso? Ele é o suspeito número um! Respondeu convicto o delegado.

— O Padre morreu afogado ou esfaqueado?

A autoridade policial conhecia muito bem a inteligência da fazendeira e ficou desconcertado com a pergunta.

— Quando o médico legista e eu examinamos o cadáver, não vimos cortes nem furos de faca; o corpo estava em decomposição, mas em alguns lugares havia sido comido pelos peixes. O médico afirmou que fora morte por afogamento, que foi a notícia divulgada pelos jornais. Mas ele pode ter sido esfaqueado e jogado no rio.

— O senhor nem o médico viram cortes de faca e está deduzindo que pode ter sido esfaqueado. O senhor fez os exames periciais na faca?

Nesse momento, o delegado começou a ficar inseguro e não conseguia esconder o nervosismo.

— Sim, não encontramos resíduos de sangue. Mas a faca pode ter sido bem lavada.

— Se ele usou a faca para matar, ficar com ela

seria condenar-se, o senhor não acha? — Beatriz perguntava com segurança e isso inquietava o delegado.

— Não sei por que trouxe a faca no paletó. Não sei das intenções dele. Respondeu impaciente.

— O senhor conferiu a informação de que ele estivera em São Paulo? Em que lugar ele ficou hospedado e quantos dias?

— Não verificamos isso.

— O senhor foi ao retiro espiritual do Padre, para saber que dia chegou, que dia saiu e com quem?

— Ainda não tivemos tempo para isso.

— Pelo que estou vendo, a única prova que o senhor tem é uma faca sem resquícios de sangue. Só isso. Não existe mais nada que o incrimine!

— Infelizmente tenho que concordar com a senhora.

— Por que infelizmente? Sinta-se feliz! Felizmente o senhor está concluindo que ele não é culpado. Quando o senhor tiver provas robustas, aí sim poderá prendê-lo, mas agora sua obrigação é soltá-lo imediatamente! Ele não é um perigo para a sociedade. É um bom moço.

— Acho que a senhora tem razão.

— E, caso necessário, o senhor sabe onde encontrá-lo, ele tem endereço certo. Pode ficar tranquilo que cuidarei do Pedro, eu me responsabilizo por ele! E trate de continuar seu trabalho, pois o verdadeiro criminoso continua livre!

O delegado levantou-se rapidamente, chamou o carcereiro e ordenou apressado:

— Solte o Pedro, que a Dona Beatriz irá levá-lo. E começou a redigir apressado o alvará de soltura.

— Não acredito no que estou vendo. Disse Mário para a esposa, falando baixinho, para que o delegado não pudesse ouvi-lo.

— Você conseguiu tirar o rapaz da cadeia?

— Você não sabe do que sou capaz! — ela respondeu à socapa, com um sorriso malicioso. Ele a abraçou ali mesmo, como que comemorando a libertação do rapaz.

A cela ficava no fundo da delegacia. Havia um amplo quintal, algumas árvores frutíferas e o prédio anexo. Todos seguiram o carcereiro. Pedro assinou o documento, que estava em mãos do delegado, e abraçou Dona Beatriz, agradecido. Depois se voltou e despediu-se dos dois novos amigos, Tonico e Tonho. Surpreso com a libertação do companheiro de cela, Tonico perguntou curioso:

— O Padre chegou de viagem?

— O Padre está morto, meu filho. Respondeu gentilmente Dona Beatriz.

— Não, minha senhora, ele está vivo. O Pedro nos contou que o encontrou ontem em São Paulo, no mesmo bonde em que estava. E nós sabemos que quem morreu afogado, na verdade, foi nosso amigo Pio.

Tonico falou com a certeza de quem estava bem informado. Depois de dormir um dia na cadeia, estava mal vestido, barba por fazer, mas estava lúcido, havia passado o efeito da bebida.

— Como é a história? Perguntou Dona Beatriz interessada.

— Acho melhor a senhora não dar ouvidos a esse pessoal. Interrompeu bruscamente o delegado.

— Vou soltá-los para que possam procurar o

Pio, amigo deles, que está desaparecido. Assim dão sossego, param com essa história fantasiosa.

E voltando-se para os dois andarilhos, ordenou:

— E vocês, parem de beber, para não serem presos novamente! Da próxima vez será pior! E os empurrou para fora da delegacia.

Despediram-se de Pedro, de quem se tornaram amigos e saíram correndo sem olhar para trás. Na esquina, próximo da farmácia, pararam e pularam de alegria para festejar a liberdade. Iriam tentar cumprir o que prometeram ao Pedro: não beber mais.

Naquele instante, Dr. Ademar viu que estava na estaca zero. Não tinha a menor ideia de quem matou o Padre. Nem por onde começar a investigação. Mas lembrou-se de que poderia iniciar pelo retiro espiritual ,onde o padre estivera pela última vez.

Beatriz pediu ao Zenóbio que trouxesse à sua presença os dois pescadores, que conhecera na delegacia. Ouviu com calma as informações valiosas e ficou indignada com a investigação mal conduzida pelo delegado. Considerou-os aptos para o trabalho e ofereceu-lhes emprego na fazenda, desde que abandonassem a bebida. Eles se sentiram extremamente honrados com o respeito e a atenção da fazendeira e ficaram de pensar na proposta recebida. Saíram orgulhosos e radiantes daquele encontro e passaram a divulgar o que todos já sabiam: a bondade daquela mulher. Depois, no dia seguinte, Beatriz recebeu o jovem Pedro, que contou de sua viagem a São Paulo.

CAPÍTULO 15

AS REFLEXÕES DE PADRE CARMELO

Padre Carmelo, quando jovem, após ordenar-se padre, também tivera suas aventuras amorosas; por esse motivo compreendia e acobertava o comportamento desregrado de seu protegido. Sabia como era custoso o celibato obrigatório. Eram amigos leais, espíritos da mesma equipe. Quando foi espontaneamente ao necrotério rezar por aquele defunto desconhecido, realmente reconheceu que se tratava do Padre Augusto de Maria, e teve um choque emocional. Estava certo de que era seu amigo imóvel na mesa fria. Seu grito de desespero foi ouvido pelo delegado, que estava próximo. E passou a acompanhar o corpo com suas preces e lágrimas sentidas. Assinou os documentos, requeridos pelas autoridades, e avisou todos os companheiros do clero, inclusive o Bispo de São Carlos, responsável por aquela diocese. As freiras voluntárias do hospital vieram para embalsamar o corpo, e não discordaram de que era o Padre Augusto. Elas também o conheciam. Passadas algumas horas, quando um dos bêbados falou com o delegado, revelando quem era o morto, Padre Carmelo sentiu que o homem estava sendo sincero, falando com convicção e insistindo com o delegado, que não lhe dera ouvidos. Ficou desconfiado e voltou para examinar melhor. Foi tomado por uma dúvida cruel. Havia realmente ali alguns traços que não lembravam o amigo. *Será que não é o Padre Augusto?* — pensou preocupado. Mas acovardou-se. Deveria pedir a suspensão imediata de todas as providências para o féretro e analisar melhor o defunto. Mas não teve coragem. O orgulho o impediu de retratar-se. Já havia assinado os documentos, dado sua palavra, as vestimentas clericais já haviam sido usadas. Não tinha como desmentir-se, seria vergonhoso, afinal era um homem experiente, de confiança, respeitado, reconhecido por sua sabedoria e honestidade, que não poderia cometer um erro dessa grandeza. *Se aquele coitado não fosse o Padre Augusto, seria ótimo, pensou. Iria passar-se pelo amigo e colocá-lo a salvo, pois estava jurado de morte. Seria morto mais dia ou menos dia. Assim, permaneceria vivo para sempre, ninguém o perseguiria, já estava morto e seria enterrado dentro de instantes. Foi a Providência Divina que, no momento certo, intercedeu para salvar o companheiro querido,* — raciocinou. E rezava ao lado do defunto para agradecer a Deus a proteção que dera ao fugitivo e se desculpava com o indigente dizendo para ele, mentalmente que, apesar de morto, estava vivendo momentos de glória, com toda aquela pompa, recebendo um funeral de gala. Ficou grato ao desconhecido, ricamente acomodado dentro do caixão, pelo favor que estava fazendo. *Tudo tinha uma razão de ser.* — ponderou. E resolveu deixar a situação assim mesmo, era a melhor decisão. *Se Deus quis assim, assim será*! Naquela cidade, o Padre Augusto morreu, acabou, mas poderia iniciar vida nova em São Paulo, sem ser incomodado. Depois, por precaução, quando fosse possível, colocá-lo-ia a par dos acontecimentos.

Alguns dias após o sepultamento, o túmulo do Pároco, no Cemitério São Bento, amanheceu repleto de flores, vasos, velas, bilhetes com fotos, pedidos diversos, cartas de agradecimento, fitas coloridas. Algumas pessoas ajoelhadas em torno da lápide rezavam em voz alta, outras entoavam cânticos religiosos. Era o Padre Augusto que estava fazendo milagres, curando muita gente, diziam. Muitos pedidos foram atendidos. Havia romaria de fiéis desesperados, aflitos, doentes, implorando ao padre santo a solução para as suas dores.

Não existe prece sem resposta. O Pio não teria condições de atender ninguém, mas Deus, em sua infinita misericórdia, atendia a todos. O Padre não estava ali, mas mesmo que estivesse, também não estaria em condições de trabalhar por ninguém. Como não estamos abandonados, todas as preces são ouvidas e registradas. Quando oramos, estabelecemos ligações com o Criador, que não desampara Seus filhos. Todos recebemos, de acordo com a necessidade de cada um. Estabelecida a ligação entre o suplicante e o Além, os Espíritos Superiores, com a permissão de Deus, iniciam imediatamente o trabalho de auxílio. Todos os desejos e pedidos são atendidos por Deus, nosso Pai justo, amoroso e bom. Jamais permanecemos desamparados. Apenas sabemos que, de acordo com a lei de causa e efeito, as respostas de Deus vão sendo maiores e mais diretas, à medida que ampliamos nosso merecimento. Para isso, são mais bem considerados os que trazem na alma o germe da bondade, ou os que já praticam o bem, porque possuem mérito e confiança para auxiliar o próximo em nome de Deus.

Com o crescente número de pedidos dirigidos ao Alto, juntou-se naquele local uma equipe de Espíritos bons, socorristas, que selecionavam as súplicas e fazia o atendimento, movidos unicamente pelo prazer de servir, condição que se encontra nos Espíritos seguidores de Jesus.

Quando Padre Carmelo soube, ficou estupefato, e não encontrou respostas que explicassem os milagres que lhe contaram. *Como seriam possíveis esses milagres se o Padre Augusto estava vivo? Será que o indigente estaria fazendo essas curas? Impossível!* — pensou. Lembrou-se de que o diabo também tem poderes e pode enganar os incautos, e determinou que as preces deveriam ser feitas unicamente na Igreja Matriz, não mais no cemitério. Lá, diante do altar dos santos, os doentes poderiam rezar à vontade, acender velas, cantar, pois estariam protegidos do mal. E proibiu a entrada de fiéis no Cemitério São Bento. Mandou que limpassem o túmulo de todas aquelas coisas, acumuladas nos últimos dias, e ficassem de sentinela para impedir qualquer manifestação dos beatos. Mas, como a situação não ficou bem explicada, Padre Carmelo foi procurado por uma senhora que ficou descontente com a mudança.

— Padre, por que impedir que os fiéis exerçam sua fé?

— Minha filha, Deus seja convosco! O cemitério é lugar de mortos, os santos estão todos na Igreja!

— Mas ali não é um campo santo, segundo nos ensina a Igreja?

— O campo é santo, mas os santos não estão lá, estão na Igreja! Respondeu irritado.

— Padre, o senhor sabe que quem está fazendo essas curas não é nenhum santo, mas está ajudando muita gente. Como isso é possível?

— Realmente, o padre Augusto não é santo. Mas, se continuar com esses milagres, um dia poderá ser canonizado. Esse é mais um motivo para ser invocado na igreja. Lá estão reunidos todos os santos que podem ajudá-lo nesse trabalho maravilhoso. Falou irônico, deixando transparecer sua descrença.

— Mas padre...

— Assunto encerrado. A Igreja é a casa de Deus, onde ficam os santos, anjos, arcanjos, querubins e serafins. É o lugar onde os fiéis devem fazer suas rezas e ladainhas. E afastou-se com cara de poucos amigos.

E, a partir daquela data, ficou terminantemente proibido visitar o túmulo do padre. No início, um bom número de pessoas passou a frequentar a Igreja, mas por um motivo que não se sabe, a procura foi diminuindo pouco a pouco, provavelmente desestimuladas por não estarem à frente do túmulo do milagreiro, e também porque as portas da igreja não permaneciam abertas durante todo o dia, havia horários pré-determinados que deveriam ser obedecidos, e durante a celebração da eucaristia eram proibidos os petitórios. As missas eram ditas em latim, independentemente da compreensão dos fiéis, que deveriam prestar atenção absoluta nas cerimônias religiosas e nos rituais ali desenvolvidos. O sacerdote ficava de costas para os fiéis, de frente para "Deus Filho", imagem de Jesus que ficava guardada no santo sacrário. Os católicos acreditam que Jesus é Deus e os padres faziam a missa olhando para Ele, de costas para o povo. Essa crença está baseada na informação de Jesus, que se encontra no Evangelho de João, capítulo 10, versículo 30: "Eu e o Pai somos um". Jesus não estava dizendo que era Deus, referia-se à sua condição de Espírito Puro, que se encontrava no mais alto grau de evolução espiritual, junto de Deus. Nunca Jesus afirmou ser Deus; ao contrário, existem mais de oitenta passagens bíblicas em que Jesus se refere ao seu Pai que está no Céu, deixando bem claro que é filho de Deus e não Deus. O ensinamento: "Fora da Igreja não há salvação", era cumprido rigorosamente; o povo lotava a Igreja, apesar de não compreender nada ou muito pouco, do que se dizia. O importante era a presença obrigatória na Igreja, e as doações, é claro!

CAPÍTULO 16

O ACIDENTE
DO PADRE

O Padre Augusto de Maria, ainda assustado pelo encontro com seu inimigo, não encontrava forças para descer do bonde camarão, pois tivera a nítida convicção de que sua vida chegara ao fim, que tudo estava acabado. Suas pernas tremiam e suas mãos geladas não conseguiam segurar o jornal. Ficou algum tempo de olhos fechados tentando acalmar-se, fez força para ficar de pé, respirou profundamente, mas, na primeira curva rápida que o coletivo fez, soltou-se e caiu. Apenas uma senhora apressou-se em ajudá-lo, mas não conseguiu levantá-lo. Depois de algum esforço, com muito cuidado, ainda traumatizado, com tonturas, desceu no primeiro ponto sem saber ao certo onde se encontrava. Atordoado, atravessou a rua para tomar o bonde que retornava no sentido oposto, não viu a carroça puxada por dois cavalos, que seguia em alta velocidade, foi atingido duramente por uma das rodas e arremessado alguns metros à frente. Ficou desacordado no leito de paralelepípedos. A garoa começou a cair naturalmente, como se nada estivesse acontecendo. Juntou-se um grupo de curiosos que aguardaram a assistência, serviço da prefeitura municipal, para removê-lo à Santa Casa de Misericórdia do bairro de Santa Cecília. Um guarda da Força Pública ficou organizando o trânsito e afastando a turba. Foi internado imediatamente e os médicos plantonistas constataram fratura na perna esquerda e pequeno inchaço na cabeça.

— Doutor, estou com muitas dores, o senhor acha que saio dessa?

O médico fez que não ouviu e continuou os exames, principalmente nas lesões aparentes, contendo a hemorragia. Algumas freiras, que prestavam serviço como voluntárias, organizaram-se apressadamente e começaram a rezar em voz alta, diante de um altar instalado na entrada do hospital.

— Padre, precisamos submetê-lo a uma cirurgia para alinharmos os ossos da perna, para imobilizá-los corretamente. Quanto à sua cabeça, pensamos que o trauma foi superficial, o senhor ficará em observação.

Depois de ser medicado, o padre entrou em sono profundo. No dia seguinte, despertou em uma cama junto à janela, totalmente imobilizado. Sentia a cabeça pesada e dolorida, que parecia ser o reflexo das ataduras. Sua perna estava com talas e alguns curativos, resultado da incisão na altura da coxa. A enfermeira aproximou-se e falou com calma:

— Padre, reze para todos os santos para agradecer o amparo que o senhor recebeu. A cirurgia foi difícil, o acidente foi grave, mas o senhor está progredindo bem.

Disse com um belo sorriso:

— Fique sabendo que o senhor é uma pessoa muito querida, foi visitado por muita gente, ontem e hoje. Todos estamos rezando por seu pronto restabelecimento. Procure ficar calmo, tudo está caminhando bem.

— Que horas são?

— Já é tarde, passou um pouco do horário do almoço, mas nada de alimentos sólidos, por enquanto, só água e chá. Se o médico autorizar, servirei algumas bolachas no cair da tarde.

— Muito obrigado, as enfermeiras são anjos de Deus!

— É nosso dever tratar bem os pacientes, mas agradeço sua gentileza. E puxou o cobertor com cuidado para proteger as pernas imóveis do paciente.

Doutor Ademar desceu na Estação de Rio Claro, tomou uma charrete de aluguel e dirigiu-se à Igreja Matriz, no centro da cidade, onde provavelmente saberiam informá-lo do retiro espiritual, ocorrido há poucos meses. Foi recebido por um padre, que o atendeu com muita atenção.

— Não realizamos nenhum retiro espiritual aqui na cidade, deve se tratar de algum engano, nossos encontros religiosos são realizados nas cercanias da cidade de Campinas.

O delegado ficou visivelmente irritado.

— Quer dizer que faço uma viagem cansativa, deixo meus inúmeros compromissos, fico comendo poeira de Araraquara até aqui, enfrento esse calor terrível, suporto o balanço infernal do trem, que não para de chacoalhar, sofro com a roupa grudada no corpo de tanto suor, para nada?

— Desculpe, doutor delegado, infelizmente,

como eu disse, não fazemos mais nossos retiros aqui na cidade faz muitos anos, somente em Campinas.

— Mas como é possível? Temos um padre que viajou para participar dessa reunião espiritual.

— Tem certeza que foi Rio Claro?

— Sim, foi o que disseram.

— Fique certo de que não foi aqui. Não tivemos nenhum tipo de reunião espiritual, nem de estudos, nem assistenciais, nem mesmo festas religiosas no seminário nos últimos anos.

— O senhor tem certeza do que está falando? O Padre Carmelo não mentiria pra mim!

Naquele mesmo dia, à noite, o delegado tomou o trem de volta. Quem o visse, diria que o mundo havia desabado sobre sua cabeça, tal era sua expressão de raiva. Pensava: *Vou interrogar aquele Padre desengonçado e descobrir toda a verdade, que está por trás dessa mentira deslavada. Um padre não pode mentir. Ele fala de Deus para os fiéis que lotam a Igreja. Ele tem que ser verdadeiro! Quem ele pensa que sou?*

O delegado não iria sossegar enquanto não solucionasse esse mistério. No dia seguinte, nas primeiras horas, aproveitando o frescor das manhãs com a brisa suave, que balançava delicadamente os galhos dos oitis, Dr. Ademar entrou na casa paroquial e pediu para que a serviçal chamasse o Padre Carmelo.

— Padre Carmelo, como parte das investigações para descobrir quem matou o Padre Augusto, fui até a vizinha cidade de Rio Claro, para constatar se o finado ali estivera no retiro espiritual, que o senhor declarou em seu depoimento. E fiquei chocado quando soube que não houve nenhum retiro naquela cidade. O senhor poderia explicar o que aconteceu?

Padre Carmelo, tomado de surpresa, respondeu inseguro:

— Estou sem saber o que responder. Tinha certeza de que o Padre Augusto estivera naquela localidade!

— Mas não esteve. Como o senhor explica essa mentira? Ou o senhor acha que eu acreditaria em seu depoimento sem verificar pessoalmente? Meu trabalho é sério, Padre. Não estou aqui para brincadeiras! Aonde o senhor quer chegar com tudo isso?

— Doutor Ademar, quem nos deve uma boa

explicação é o falecido padre, foi ele quem disse que iria pra lá! Temos que perguntar pra ele!

— O senhor está insinuando que deveremos procurar uma sessão espírita?

— Não venha com ironias, doutor, apenas quero deixar claro que se o senhor foi enganado eu também fui. Agora, por favor, dê licença que tenho que me preparar para as atividades do dia.

E retirou-se visivelmente irritado, mas era apenas encenação, pois estava preocupado com a investigação do delegado de polícia, por pouco não foi desmascarado.

Dr. Ademar estava novamente na estaca zero. *Por que será que o Padre Augusto mentiu?*— pensava.

CAPÍTULO 17

O INTERROGATÓRIO
DE PEDRO

Pedro fora intimado para comparecer à delegacia. Era uma tarde chuvosa, mas quente e abafada, como todas as tardes de verão. Amarrou seu cavalo na porta do prédio imponente, que ficava na esquina, atrás da Igreja Matriz. Depois de explicar o motivo da intimação, o delegado foi direto ao assunto.

— Senhor Pedro, o senhor bebe?

— Bebo, sim senhor, principalmente nestes dias de calor terrível.

— Então posso deduzir que, quando viu o Padre Augusto em São Paulo no bonde, estava sob efeito de aguardente?

— Não senhor. Não bebo bebida alcoólica, só água e suco de frutas.

— Quero avisá-lo que, se descobrir que o senhor está mentindo, as consequências serão graves, tomarei todas as medidas que a lei me permite. Não estou brincando! Se não bebe, se não tem o hábito de tomar cachaça, como pode ver um morto no bonde? O senhor por acaso é médium?

— Sim, sou médium e participo de um trabalho

espiritual, realizado semanalmente na fazenda, mas isso não tem nada a ver com a visão do padre.

— Não entendi. Explique-se!

— Como já disse, daquela vez, vi o Padre Augusto no bonde e ele não estava morto, estava muito vivo por sinal. Tenho o endereço dele em São Paulo. Enfiou a mão no bolso da calça de brim e colocou um papel sobre a mesa.

O delegado arregalou os olhos assustado: *Será verdade*?

— Então, em sua opinião, ele não morreu? Ele estava vivo no bonde?

— Delegado, só o senhor acredita que ele está morto. Ele está bem vivo e qualquer dia vai aparecer por aí; mas já o perdoei, não tenho nada contra ele.

— Ele vai aparecer em Espírito, é isso?

— Não, vai aparecer em corpo e alma. Vivinho como nós dois. E de batina, é claro! Batina e botina!

Na semana seguinte, depois de transmitir algumas ordens para seus auxiliares, o delegado tomou o trem para São Paulo, para encontrar-se com o Padre Augusto. Dirigiu-se diretamente à delegacia do bairro da Consolação. Depois de conversar longamente com seu colega, chefe daquele distrito policial, sobre as vantagens e desvantagens de trabalhar no interior e dos objetivos de sua viagem, disse sem demora:

— Preciso de alguém para me acompanhar. Não gostaria de aparecer sozinho na frente do padre. Aliás, preciso me convencer de que ele está vivo.

— Ele cometeu algum crime? Perguntou o delegado que o atendeu gentilmente.

Dr. Ademar pensou alguns minutos e respondeu com calma:

— Acho que não. Engravidou uma moça e fugiu da cidade. Depois nos disseram que estava morto e enterramos uma pessoa no seu lugar, como se fosse ele.

— Engravidar e fugir é o assunto mais comum que temos por aqui. Ela é filha de algum coronel, de algum figurão? Se não for, não perca seu tempo, que logo o assunto cai no esquecimento. Mas enterrar trocado é crime. Quem assinou a certidão de óbito?

— Fui eu quem concluiu o inquérito e o trabalho de identificação do morto.

— Então você está enrolado. Fez mal o trabalho.

Dr. Ademar, que era um homem correto, ficou abalado com a informação e com a sinceridade do colega. *Como pôde ter sido tão ingênuo, acreditando no depoimento de uma só pessoa?* Tentou desconversar, para não agravar ainda mais a sua situação, e tornou a perguntar com um sorriso amarelo:

— Tem como você arrumar alguém pra me acompanhar?

— Não deveria, mas vou fazer uma concessão especial ao nobre colega. — Deu as instruções para um investigador e completou:

— Reze para que a família não reclame o defunto, que foi enterrado no lugar do padre. Você poderá ser processado e não vai ser nada bom. Se precisar de mais alguma coisa, estou à sua disposição para ajudá-lo. Bom trabalho!

E logo que Dr. Ademar se despediu, falou para um dos seus assistentes:

— Esse pessoal do interior é muito ignorante mesmo! É inacreditável! Esse aí errou e agora está procurando as provas para comprovar seu crime!

Doutor Ademar parou na frente da casa na Rua da Consolação, analisou a construção imponente, e bateu com força o ferrolho no portão. Foi atendido e recebeu a informação de que o padre estava hospitalizado, fazia alguns dias em virtude de um acidente. No hospital, soube que o padre tivera alta e fora levado por um familiar para o Estado de Santa Catarina, onde residia sua família. Em sua ficha de internação constava apenas o endereço de São Paulo. As enfermeiras descreveram o doente e responderam a todas as perguntas do delegado interiorano. Confirmaram que era mesmo o padre Augusto, que estava se restabelecendo de uma cirurgia. Na volta, no trem da Araraquarense, observando a natureza e as ... plantações de café, a tomar quase toda a extensão daquelas terras, o delegado raciocinava preocupado: E agora? Se eu disser em Araraquara que encontrei o padre, será um escândalo de grandes proporções. Ficará ruim para a Igreja, depois de todo aquele enterro festivo, e ruim pra mim, pois confirmei o morto errado, correndo o risco de responder a um processo administrativo, o qual pode acabar com minha carreira. O melhor caminho é falar que não encontrei o padre, não estarei mentindo, pois não o encontrei mesmo. Não vou afirmar se está vivo. Se estiver vivo, não vi, não sei, ninguém o viu e ninguém está interessado nisso. E se um dia o encontrarem, vamos fazer com ele o quê? Nada! Então vamos deixar as coisas como estão. Não estou prejudicando ninguém. E se aparecerem os familiares do morto verdadeiro? Se não apareceram até agora, não vão aparecer mais, é o que diz a lógica. Apareceram apenas os amigos bêbados e com razão, o defunto era amigo deles. Mas pararam de reclamar, não preciso me preocupar, indigente não tem família. Embalado pelo balanço do trem e confortado pelo raciocínio, que o protegia de possíveis cobranças, acabou adormecendo. Seu rosto expressava um leve sorriso, o qual demonstrava tranquilidade.

No dia seguinte, ao chegar a seu gabinete, encontrou sobre sua mesa um bilhete que dizia: "Ilustríssimo Senhor Doutor Ademar, Digníssimo Delegado de

Polícia de nossa Comarca, Saudações Cordiais, pela presente convido-vos para um chá da tarde na Fazenda Ponte Alta, no dia de sua preferência, para tratarmos do resultado de sua viagem a São Paulo. Atenciosamente, Beatriz. Amassou e jogou com raiva o papel sobre a escrivaninha e falou nervoso:

— O que é que vou dizer para essa mulher?

CAPÍTULO 18

O CASAMENTO DE PEDRO E IRACEMA

Pedro não suportou a distância de sua amada. Queria estar ao seu lado, acompanhar os últimos meses de gravidez, sentir o seu perfume, acariciar os seus cabelos, admirar seu sorriso, conversar sobre as novidades da cidade e da fazenda. Já não se importava com o passado, o passado passou, dizia. Mas estava receoso de uma aproximação, não sabia como seria recebido, se ela ainda o amava. Elevou seu pensamento a Deus e pediu coragem para visitá-la, no dia seguinte pela manhã. Sentiu-se mais confiante e tomou a decisão que vinha adiando fazia tempo. Sem avisar ninguém, informado de que ela estava em casa, afastada do trabalho, devido aos últimos momentos de gravidez, resolveu aparecer. Ela o recebeu com gentilezas, deixando transparecer sua felicidade e a alegria daquele reencontro inesperado. Arrumou os lindos cabelos com as mãos e disse encabulada:

— Pedro! Você por aqui? Nunca imaginei que viesse me visitar depois de todas as coisas que falei. Poderia ter avisado, para que pudesse me arrumar.

Pedro não disse nada, apenas aproximou-se sorrindo e abraçaram-se felizes, matando as saudades de meses de separação. Com o coração explodindo de emoção, não resistiu, deixou extravasar seu amor e beijou-a demoradamente. Sem pensar, vencido pelo amor que os unia, falou emocionado:

— Iracema, quer casar comigo?

— É tudo o que mais queria na vida! Estou arrependida do meu passado, e se você me aceita assim do jeito que estou, aceito também casar com você!

E passou a mão pela barriga enorme para mostrar o estado em que estava. O parto estava sendo esperado para as próximas semanas.

— Então vamos rapidamente tomar as providências no cartório da cidade, antes da chegada do nosso filho.

Quando disse "nosso filho", ela começou a chorar.

— Sim, Iracema, nosso filho! Tenho sonhado com ele quase todos os dias, com nossas brincadeiras em casa, as correrias no quintal. Já sei como será nosso lar, tenho vivido nele, estou feliz por ter realizado esse sonho, por você me aceitar como seu marido nessa existência. Iracema, eu te amo muito, mais do que tudo na vida, e só desejo uma coisa: que você seja muito feliz. Farei de tudo que estiver ao meu alcance para a sua felicidade!

Durante os meses em que estiveram separados, Beatriz conversava com os dois jovens e os aconselhava a uma reaproximação. Sempre que podia, ela os preparava para o reencontro. Se vocês se amam, pra que viver assim? — dizia. *Pedro, esse Espírito que vai nascer é antes de tudo filho de Deus. O que está esperando para recebê-lo como seu filho? Se você ama a Iracema, abrace os dois.* Quando soube da notícia do casamento, a fazendeira exultou de alegria e providenciou uma casinha só pra eles. A felicidade foi geral, todos se alegraram. E foi marcada a data do enlace, depois de cumpridos os proclamas do cartório. Dali a um mês poderiam se casar. E assim foi feito. Pedro não queria casar-se na Igreja. Com a concordância dela, e a compreensão dos pais de ambos, o casamento seria apenas no cartório. Explicava, a quem perguntasse, que não existe casamento Espírita, estavam unicamente cumprindo a lei dos homens e o ensinamento de Jesus: "Dai a Cesar o que é de Cesar", pois o Espiritismo não institui sacramentos, cerimônias, rituais ou dogmas. Quando dois seres estão unidos pelos laços do amor, estão sendo abençoados por Deus, pois o que vale é o amor, a lei que rege o universo. A comemoração seria realizada embaixo de um abacateiro, ao lado da casa onde iriam morar.

No dia marcado, compareceram muitos parentes e amigos dos noivos. O local foi enfeitado com lindas flores e rosas colhidas nos jardins da fazenda. Alguns estavam preocupados com o adiantado estado de gravidez da noiva, mas ela estava disposta, muito feliz. Pedro e Iracema respondiam carinhosamente a todos os que foram cumprimentá-los naquela tarde de verão, protegidos pela sombra das árvores, que formava um ambiente radiante e acolhedor, de muita alegria e paz. A casinha dos noivos, enfeitada de flores, estava lotada de amigos queridos. A felicidade estava estampada no rosto de todos os convivas. O ato civil foi realizado pelo cartorário ao ar livre, a pedido de Beatriz, com a maior simplicidade possível. Na sala estreita e lotada, um velho conhecido, participante das reuniões espíritas, pediu uns instantes de silêncio e fez comovedora prece, pedindo aos Espíritos Superiores pela felicidade dos nubentes. Iracema optou por vestir-se de branco, num belo vestido costurado às pressas por uma costureira da fazenda, mas fez questão de bordar toda a gola e uma faixa central com flores num tom celeste, que a deixou linda como uma princesa. Os cabelos soltos, levemente ondulados, estavam presos por uma tiara de flores do campo. Não precisaria seguir os costumes da época, usando a roupa tradicional das noivas, pois seu sorriso iluminava, como raios de luz, todo aquele ambiente, que estava mergulhado nas bênçãos da espiritualidade superior. À noite, na casinha singela, reuniram-se novamente todos os convidados. Pedro foi abraçado por dois amigos que conheceu na prisão, que agora não mais bebiam e trabalhavam nas plantações de laranja: Tonho e Tonico. Um deles falou sorrindo:

— Será que o Pio foi convidado?

Uma festa coroada de luz e alegria. Dona Beatriz disse algumas palavras aos noivos, que a ouviram respeitosamente com incontida gratidão. Pedro agradeceu-lhe pela ajuda que receberam, desde que começaram a trabalhar na fazenda, pela oportunidade dos estudos, pelos sábios conselhos, com o que Iracema concordava sorrindo agradecida. Um violeiro foi chamado e principiou a tocar com entusiasmo várias músicas regionais e conhecidas. Zenóbio não se intimidou, foi buscar sua sanfona e acompanhou o músico, como se houvessem ensaiado durante muito tempo. João, irmão da noiva, tocava o pandeiro fazendo a marcação. Quem conhecia cantava, quem não conhecia aprendia na hora e cantava também. O coral estava perfeito. Os noivos não dançaram como deveriam, devido aos cuidados e preocupações com Iracema, mas os presentes se esbaldaram. Iracema estava cansada e recolheu-se cedo, sempre amparada pelo marido carinhoso. No dia seguinte, após o café da manhã, começaram as primeiras contrações, avisando da chegada do filho do casal. Chamaram a parteira com urgência e, ao meio-dia, receberam de Deus, o presente de casamento esperado por todos: um menino forte, que recebeu o nome de Mateus.

Quando estavam no plano espiritual, antes de se

reencarnarem, Iracema e Pedro planejaram[1] se casar e receber Mateus como filho, além de dois outros Espíritos, necessitados de nova oportunidade na Terra. Porém, como sabemos, Iracema foi inconsequente e quase obrigou suas vidas a tomarem um curso diferente. Graças ao amor de Pedro, que a compreendeu e perdoou, conseguiram se unir novamente e constituíram a família que planejaram. Tiveram três lindos filhos. Em vidas passadas, ela foi amante do Padre Augusto, o que justifica a atração temporária, que teve pelo pároco.

---

[1] O Livro dos Espíritos, questão 258. "Quando no estado errante e antes de se reencarnar, o Espírito tem a consciência e a previsão das coisas que lhe sucederão durante a vida? Resposta: Ele próprio escolhe o gênero de provas que quer suportar e é nisso que consiste seu livre-arbítrio."

CAPÍTULO 19

A CONCLUSÃO
DO INQUÉRITO

Dr. Ademar estava receoso em atender o convite recebido da Dona Beatriz, mas não tinha outra saída, um pedido dela era uma ordem. Teria que revelar que o padre desaparecido estava vivo, que foi providencial sua viagem a São Paulo, que fazer prisões no curso das investigações é um procedimento perfeitamente normal, desde que existam indícios da prática do crime, que foi o que ocorreu com o Pedro. Já os beberrões foram presos por perturbação da ordem pública. Pronto. Esquematizados os itens a serem discutidos, agora restava enfrentar a mulher.

Havia chovido pela manhã e o céu estava claro, com poucas nuvens, as flores enfeitavam todo o contorno do casarão da fazenda. Uma brisa contínua soprava do bosque e suavizava o calor daquela tarde. Dr. Ademar foi muito bem recebido, com uma mesa recheada de bolos e bolachas, talheres de prata, porcelanas chinesas e toalhas de linho branco, bordadas com esmero pela Iracema, a mais jovem mãe da fazenda.

— Dona Beatriz é uma honra atender seu convite. Quando voltasse de São Paulo, a senhora seria a primeira pessoa a quem iria comunicar minhas conclusões.

— E quais são suas conclusões, delegado? Perguntou a fazendeira curiosa.

— Padre Augusto não morreu! Está vivo!

Respondeu preocupado com a reação da anfitriã, que nem se importou com a informação.

— Todo mundo sabia disso! O Pedro, aqueles dois senhores e eu.

— Também soube no curso das investigações, mas precisava confirmar pessoalmente e foi o que fiz. Agora preciso descobrir quem foi enterrado no lugar do padre, que pode ter sido o amigo daqueles bêbados.

— Bêbados, não! Não bebem mais, graças a Deus, agora trabalham aqui na fazenda nas plantações de laranja. Disse Beatriz, corrigindo o delegado.

— Vou mandar chamá-los.

Dr. Ademar cumprimentou-os educadamente, como não faria se não estivesse na presença da fazendeira, e observou a melhora na aparência deles, apesar de vestidos com as roupas dos trabalhadores rurais. Tonico, ainda amedrontado com a presença da autoridade policial, falou que o amigo morto chamava-se Pio Ferreira e não tinha familiares nem documentos.

Combinaram que fariam uma declaração, para o cartório corrigir a certidão de óbito, e que o caso estaria resolvido. Beatriz convidou-os gentilmente para participarem do chá e comerem daquelas deliciosas bolachas com as geleias da fazenda. Para os dois trabalhadores foi um acontecimento inesquecível, para o delegado foi um insulto. Dona Beatriz, com um lindo sorriso matreiro, demonstrava que estava muito feliz observando seus convidados especiais.

No dia seguinte Dr. Ademar foi tirar satisfações com Padre Carmelo, a quem considerava o grande responsável por tudo o que aconteceu. E, dependendo da conversa, iria processá-lo por falso testemunho, por enganar as autoridades com mentiras.

— Padre Carmelo, como o senhor deve estar sabendo, estive em São Paulo e devo informá-lo que constatei que o Padre Augusto está vivo, muito vivo, restabelecendo-se de um acidente, na casa de seus parentes, em Santa Catarina.

— Então ele mentiu? Respondeu o padre, fingindo surpresa.

— Vocês mentiram! Gritou o delegado com raiva e continuou com sua ira:

— O senhor mentiu que ele tinha morrido e ele mentiu que ia para Rio Claro! Vocês mentiram descaradamente! Enganaram as autoridades, os seus fiéis, a sociedade araraquarense!

— Não menti, não senhor! Pensei que ele tivesse morrido. O defunto era um sósia dele! Mas, é verdade que ele está vivo? Que boa notícia! Que felicidade! E quem morreu?

— Ainda não sei quem morreu, mas não foi o Padre Augusto, como o senhor declarou.

— Dr. Delegado, o senhor não pode divulgar essa descoberta, será uma vergonha para a igreja. Depois daquele enterro monumental, desmentir será um fracasso, uma desonra. O senhor informe quem morreu e mudamos a certidão de óbito, diretamente no cartório. Ninguém precisa saber dessas coisas, que não interessam a ninguém. Sabe como é a língua dos maledicentes. Não podemos abalar a imagem da Igreja perante o povo!

— Vou falar a verdade custe o que custar! Que se dane a Igreja! Vou anunciar nos jornais! Não gosto de mentiras! Gritava o delegado, colérico.

— Acalme-se, delegado. Pense bem. Não tome decisões precipitadas. Será ruim para o senhor, que sofrerá um processo administrativo, passará por incompetente. Eu disse que o corpo era do Padre, mas o senhor analisou e tomou a decisão que achou correta, fez um péssimo trabalho. Por que não chamou mais pessoas para examinar o defunto? A responsabilidade ficou exclusivamente em suas mãos. A conclusão foi sua. Pense bem. Quem autorizou o enterro?

O delegado começou a ficar pensativo, preocupado e ponderou:

— É verdade, deveria ter chamado mais pessoas, no mínimo três...

— Não se preocupe, delegado, errar é humano. Eu errei pensando que fosse o Padre Augusto, e o senhor errou por não ampliar a investigação. Somos humanos, podemos cometer erros. Mas não precisamos divulgar nossa burrice.

— Como assim?

— Só faremos a alteração no cartório. Não vamos comprometer sua carreira nem a moral da Igreja. Fica tudo do jeito que está, que está tudo certo. Ninguém será prejudicado.

— Então, está certo!

E se cumprimentaram jubilosos pelo encerramento do inquérito. No dia seguinte, estavam informando no cartório o nome do defunto que morreu mesmo.

Padre Carmelo escreveu uma longa carta para o Padre Augusto de Maria, dando notícias de todo o ocorrido, e pedindo que não retornasse a Araraquara, para evitar um mal maior.

CAPÍTULO 20

A DERROCADA
DO CAFÉ

A crise do café que abalou os fazendeiros paulistas começou na realidade por volta de 1925, devido ao crescente e descontrolado aumento da produção, que chegou a 21 milhões de sacas de café para atender um consumo mundial de 22 milhões. Para agravar a situação, as exportações brasileiras vinham sofrendo sensível redução, pois alguns países deixavam de comprar do Brasil devido à má qualidade dos grãos.

Após a Primeira Guerra Mundial, as indústrias americanas exportavam grandes quantidades de equipamentos industriais e produtos agrícolas para os países europeus, que precisavam reconstruir suas cidades. No final da década de 20, as nações europeias reduziram radicalmente as importações, pois estavam recuperadas, não dependiam tanto dos EUA. Com a diminuição das exportações para a Europa, as indústrias americanas, com os estoques em alta, entraram em desespero, com grandes prejuízos, sem perspectivas de recuperação. Como essas empresas tinham ações na Bolsa de Valores de Nova York, suas ações desvalorizaram drasticamente em poucos dias. Em outubro de 1929, milhares de norte-americanos, donos de tais ações, ficaram pobres da noite para o dia. A crise foi conhecida como a Grande Depressão americana e desempregou mais de 30% dos trabalhadores. Em consequência, os EUA diminuíram significativamente as importações do café brasileiro. Para evitar o prejuízo dos produtores brasileiros, o governo brasileiro comprou e queimou toneladas de café, mas não foi suficiente, muitos fazendeiros foram à falência, o que provocou a ruína e a desgraça de várias famílias, outrora abastadas. Grandes fazendeiros tiveram que vender suas propriedades a qualquer preço para pagarem as dívidas e, em alguns casos, foram obrigados a vender até as jóias da família para sobreviver.

Conservadora em sua forma de administrar, Beatriz escapou da crise com apenas alguns arranhões, pois sentiu, a partir de 1925, a redução das exportações ano a ano, e deduziu que o mercado americano um dia não teria condições de absorver toda a exportação brasileira. Tomou a sábia decisão de investir em outras culturas, como a da laranja, por exemplo, e não tinha dívidas bancárias; ao contrário, suas aplicações financeiras ajudaram-na a superar a queda significativa de 1929.

Macedônio e Jandira, casal de fazendeiros de São Carlos, que adotaram Estela, filha do Padre Augusto de Maria, sofreram muito com a crise e tiveram que vender suas terras e mudar-se para São Paulo. Com o pouco que sobrou, Macedônio entrou como sócio numa fábrica de tecelagem no bairro do Brás, mas a queda patrimonial sofrida pela sua família foi muito grande. Por muito pouco, não foram à falência. Estavam lutando de todas as maneiras para sobreviver. O pai de Estela vivia amargurado. Estava longe das mordomias e do destaque social, que tivera na vizinha cidade de Araraquara. Perdera praticamente tudo e não aceitava a nova fase, que estava sendo obrigado a viver. Sempre fora católico fervoroso, fiel frequentador das missas e de todas as atividades religiosas, contribuinte generoso da Igreja. *Por que esse prejuízo; por que minha família e eu estamos sofrendo tanto assim?* — raciocinava. Chegou a pensar em suicídio. Seu sócio, um amigo de longa data, que o convidou para integrar a sociedade em São Paulo, percebeu seu estado lastimável e tomou a liberdade de abordá-lo.

— Massa, nossa empresa, apesar de pequena está começando bem, superando as dificuldades, mas tenho notado que você está sempre introspectivo, tristonho. O que o está incomodando? Posso ajudar em alguma coisa?

— É difícil explicar. Tudo ia bem na minha vida e, de repente, tivemos a crise que pegou todo mundo. Parece que Deus não se importou comigo. Do dia pra noite perdemos tudo, hoje me considero um homem pobre.

Macedônio não era nem sombra do que fora quando fazendeiro.

— Massa, preste atenção, o que é ser rico pra você?

— Ser rico é ter as coisas que eu tinha, as terras, dinheiro, propriedades. Ser rico é viver bem, poder gastar sem preocupações. Disse o novo industrial com lágrimas nos olhos.

— Tudo o que temos nessa vida não é nosso, pode ser retirado a qualquer tempo, como foi no seu caso. O que pode ser retirado não é nosso, não nos pertence. Não nascemos para acumular bens, nascemos para fazer o bem. Foi o que Jesus nos ensinou. Você não é cristão?

— Sou católico, sou cristão, mas é a primeira vez que estou ouvindo alguma coisa a respeito de Jesus. — disse o fazendeiro.

— E Jesus disse mais: "Eu venci o mundo" e não: "Venci no mundo", o que é bem diferente, nós queremos vencer no mundo. Massa, nós estamos aqui de passagem, os bens materiais não têm o valor que você acha que tem, são recursos que Deus colocou em nossas mãos para fazer todo o bem que estiver ao nosso alcance, para auxiliarmos aqueles que precisam mais do que nós. Sua riqueza é o bem que você faz, nunca se esqueça disso! Quando Jesus disse que deveríamos acumular tesouros, que as traças não corroem nem os ladrões roubam, estava ensinando que precisamos acumular riquezas da alma e não bens materiais, que são perecíveis e passageiros. "O homem não possui de seu senão o que pode levar deste mundo".[1] Jesus disse ainda que *nem só de pão vive o homem*[2], isto é, precisamos do alimento espiritual,

[1] - Capítulo XVI — Não se pode servir a Deus e a Mamom — O Evangelho Segundo o Espiritismo, item 9 — A verdadeira propriedade.
[2] - Mateus Capítulo 4, versículo 4.

que a gente esquece ou coloca em segundo plano.

Macedônio ficou surpreso com os conhecimentos do sócio.

— Estou me sentindo melhor só de ouvir isso que você está falando. Conheço muito pouco de Jesus ou quase nada. Onde você aprendeu essas coisas?

— Num Centro Espírita próximo de minha casa.

Macedônio, Jandira e Estela começaram a frequentar o Centro Espírita A Caminho da Luz, e logo estavam dirigindo cursos e participando ativamente dos trabalhos mediúnicos e assistenciais. Recebiam mensalmente a *Revista Internacional de Espiritismo*, editada em Matão por Cairbar Schutel, e lastimaram ter morado tão perto daquela cidade e não terem conhecido pessoalmente o Bandeirante do Espiritismo.

CAPÍTULO 21

O COLÉGIO NOSSA SENHORA DE FÁTIMA

A fábrica de tecelagem vinha progredindo sensivelmente, com aumento significativo na produção e melhoras na qualidade e apresentação dos fios. Os sócios estavam entusiasmados, pois o número de empregados crescia a cada mês, dando oportunidade de trabalho para inúmeros pais de família. O lucro não era tão alto quanto o das exportações de café na época áurea, mas este não era o principal objetivo dos administradores. A questão era fazer o bem, fazer o bem sempre, aplicar o que tinham aprendido na Doutrina que abraçaram.

Quando chegara a São Paulo numa situação difícil, Macedônio fez um grande sacrifício para matricular sua filha única Estela, no curso Normal do Colégio Nossa Senhora de Fátima, uma das melhores escolas da cidade. Ela era adotiva e sabia de sua condição, desde a tenra idade, e isso nunca lhe causou nenhum tipo de constrangimento. Queria ser professora, uma profissão valorizada pelos governantes da época e pela sociedade em geral.

No início do ano letivo de 1936, foi apresentado à classe o professor de filosofia, Padre Augusto de Maria. Estela, em plena mocidade, quando o viu pela primeira vez, ficou maravilhada com a cultura daquele homem, que impressionava os alunos com sua fluência e bons conhecimentos da matéria. Ela sentiu alguma coisa diferente, como se já o conhecesse. O Padre era considerado um dos melhores professores da escola. Com os novos conhecimentos adquiridos em sala de aula, observou que no Centro Espírita que frequentava, a Doutrina Espírita era tratada unicamente como religião, quando na realidade era também filosofia e ciência. Com o professor admirável, passou a se dedicar com afinco aos estudos daquela matéria, cumprindo com pontualidade as pesquisas e os trabalhos na biblioteca. Tornara-se uma das melhores alunas da classe. Passou a conhecer melhor os filósofos e mudar a maneira de ver a vida. E quanto mais estudava mais compreendia, nas suas reflexões e conclusões pessoais, que os filósofos eram todos espíritas, pois questionavam o objetivo da vida, de onde viemos, o que somos, o que estamos fazendo aqui, o que se espera de nós, para onde vamos. Nos seus estudos na Casa Espírita, encontrou uma citação do Espírito Erasto, que dizia o mesmo que seu professor: "Ao aparecer uma nova opinião, por menos que vos pareça duvidosa, passai-a pelo crivo da razão e da lógica. O que a razão e o bom senso reprovam, rejeitai corajosamente. Mais vale rejeitar dez verdades do que admitir uma única mentira, uma única teoria falsa."[1] Feliz com os novos conhecimentos, num ímpeto de coragem, no vigor de sua juventude, tomou de uma folha do caderno, rabiscou rapidamente uma poesia e a entregou para o querido professor.

Professor Augusto,

Já lhe conheço antes de renascer

Isso prova que Deus é justo,

E me dá alegria de viver.

Padre Augusto vinha observando a participação de Estela nas aulas, sorrisos, olhares, e começou a interessar-se por aquela linda jovem. Ela não estava interessada nele como homem, mas ingênua, não poderia imaginar que sua amizade pudesse ser mal interpretada. Quando recebeu a poesia da moça, um presente inesperado, deduziu tratar-se de caso fácil, que era correspondido, e sua experiência com as mulheres, que não foram poucas, mostrava que estava na hora de estreitar o relacionamento e tirar proveito

---

[1] O Livro dos Médiuns, de Allan Kardec, Capítulo 20, questão 230.

daquela amizade interessante. Na primeira oportunidade, procurou-a na biblioteca da escola e perguntou com bom humor:

— Estela, você nasceu ou renasceu?

Ao cumprimentá-la não estendeu a mão para ser beijada, que era costume no interior, com as pessoas mais simples e submissas ao clero. Ela ficou surpresa com a presença do professor, mas feliz com a visita. Respondeu sem pestanejar:

— Um padre e professor de filosofia deveria saber a resposta...

Disse com um sorriso charmoso que a deixou mais atraente.

— Estela, Deus nos concede apenas uma vida, essa a resposta certa.

Respondeu de modo professoral, encantado com a primeira aluna da classe.

— Estou chocada! Nunca poderia imaginar que o senhor fosse ateu!

Falou provocando o religioso e deixando transparecer seu bom humor.

— Estela, não sou ateu, creio em Deus, creio em Jesus Cristo e no Espírito Santo. E gostaria que você me chamasse de Augusto, senão vou chamá-la de senhorita Estela.

Disse com sorriso malicioso, tentando forçar uma proximidade que não tinham. Naquele momento, na biblioteca, estava acontecendo o encontro de um pai com sua filha, mas infelizmente desconheciam essa realidade. Ela estava sentindo uma emoção diferente, que julgava ser decorrente da admiração que tinha pelo mestre; ele, em busca de um possível relacionamento amoroso. Apesar de inexperiente, inspirada pelos espíritos bondosos que a assistiam, respondeu tranquila:

— Tudo bem. Então vou chamá-lo de Pai Augusto, porque padre em latim quer dizer pai, e como tenho idade para ser sua filha, ficará mais adequado.

Padre Augusto, diante da inteligência invulgar da moça, recuou com astúcia.

— Chame-me como quiser, como achar melhor, menos de pai, pois sou muito jovem para ter uma filha bonita como você. Não acredito em outras vidas e creio em Deus, não sou ateu.

— Continuo surpresa Padre! Que Deus é esse em que o senhor acredita?

— O meu Deus é o Pai nosso que está nos céus, ensinado por Jesus Cristo.

— O senhor acredita que Deus é nosso Pai e não acredita em outras vidas? Como explica o nascimento de uma criança inteligente e outra débil mental? Qual a finalidade da existência única para cada uma dessas crianças? Um pai faria isso com seus filhos?

— São mistérios de Deus, que não nos cabe questionar.

Respondeu tentando fugir da discussão difícil para ele. Essa e outras questões existenciais o atormentavam de longa data. Ele tinha uma série de dúvidas sem respostas.

— Então o seu Deus não é pai, é carrasco! Uma criança terá uma vida normal e outra, uma vida impossível. Isso é justo?

— Estela, às vezes, perguntam-me por que essas

coisas acontecem; é uma das perguntas mais difíceis de responder.

Respondeu com sinceridade.

— Deus é justo, amoroso e misericordioso, e muitas vezes nos acontecem coisas que não podemos entender. Como não temos as qualidades de Deus, não temos condições de penetrar os Seus mistérios. Cabe a nós simplesmente confiar.

— Padre, seria melhor não confiar. Não confio num Deus que beneficia uns e prejudica outros, sem uma boa explicação. Se a vida é uma só, como fica aquele que nasce numa tribo e outro, na cidade? Qual dos dois vai para o céu? Não acredito nesse Deus. Ele não tem nada de misericordioso, é injusto, claramente injusto.

Ela percebeu que a situação incomodava o professor.

— Vamos mudar de assunto. Gostei muito do que você me escreveu, muito obrigado pelas suas palavras.

— É que sinto que o conheço de outras vidas e gostei de reencontrá-lo. Gosto de suas aulas, admiro seu trabalho, mas pensei que a filosofia o deixasse mais espiritualizado. É uma pena, quase todos os filósofos falam da continuidade da existência.

Disse com franqueza, sem deixar de esboçar um sorriso.

— O fato de dar aulas não quer dizer que acredito em todos os filósofos. Procuro reproduzir com clareza o pensamento deles diante da vida, mas isso não representa necessariamente minha forma de pensar. Agora tenho um compromisso, depois quero que você prove que nos conhecemos em outras vidas, gostaria de conversar melhor sobre esse assunto.

— Qual assunto? Reencarnação ou filosofia?

Enquanto Padre Augusto ficou pensando na resposta, ela arrematou:

— Tudo bem. Amanhã, aqui na biblioteca, nesse mesmo horário.

CAPÍTULO 22

A SEDUÇÃO
DE ESTELA

Padre Augusto estava ansioso, contava as horas para apresentar-se na biblioteca no horário combinado. Estela não saía de sua cabeça. A beleza e a delicadeza da estudante o deixavam louco, não se importando com o relacionamento que mantinha com uma das professoras do Colégio, com quem sonhava casar-se. Reconhecia que ela era jovem demais para os seus propósitos, mas não queria perder aquela chance, estava inebriado com a possibilidade de seduzi-la. Na biblioteca, foi recebido com alegria e ganhou um lindo presente embrulhado com papel de seda e fita colorida.

— Espero que goste, é sobre uma filosofia que adorei, que está revolucionando o mundo, resolvi presenteá-lo. Disse Estela com o entusiasmo de uma jovem estudante, que ficou feliz com a presença do professor.

Padre Augusto rasgou o papel que envolvia o livro e leu meio sem graça:

— *O Livro dos Espíritos*, de Allan Kardec. Muito obrigado Estela, já tinha ouvido falar, mas não tive coragem de comprar, por motivos óbvios. Sou católico.

Esse é um livro espírita. Mas, por ser um presente seu, prometo que vou ler.

— Certeza que vai ler? Não estou acreditando muito.

Ele faria qualquer coisa para aproximar-se dela e ganhar a sua confiança, até ler aquele livro que reprovava. Com bom humor retrucou sorrindo:

— Se realmente tivemos vidas passadas, imagino os presentes que você me deu!

Ela riu, aproximou-se e abraçou-o, como uma filha abraçaria um pai. Ele recebeu o carinho inesperado e sentiu como que uma barreira, protegendo a moça de suas intenções, que não teve o comportamento que teria se fosse o abraço de uma outra mulher.

— Professor, depois me conte se gostou.

— Já gostei do livro antes de ler! Um livro de Kardec para um padre! Era só o que me faltava!

E continuou brincando, aproveitando o clima descontraído que o estreitava com a aluna desejada:

— Mas você terá um presente meu, tenho o direito de revidar.

— Pois não, professor. Mas se não gostar, não sou obrigada a aceitá-lo!

— É um presente do fundo do coração. Ofereço uma pizza no Bexiga.

— No bairro Bela Vista? Como não? Adoro as cantinas de lá! Pode marcar o dia e a hora! Posso escolher a pizza? É lá que sempre vou com meus pais. Respondeu Estela pulando de alegria.

— Hoje venho buscá-la aqui em frente, no ponto do bonde. Só pode ser hoje à noite, nos outros dias tenho aulas.

—- Combinado, professor! Vou aguardá-lo. Posso levar uma amiga?

— Não pode não, um livro uma pizza!

E riram gostosamente. Estela ficou meio indecisa em sair sozinha, mas ele era padre. *Se não posso confiar num religioso, em quem vou confiar?* — pensava. Estela não poderia sair depois das dezoito horas, muito menos jantar com alguém. Sua vontade seria severamente reprovada pelos pais. No entanto, frequentava o colégio à noite, sempre que os estudos obrigavam, e foi o que infelizmente contou para sua mãe.

Moça crédula, não tinha a menor ideia do que a esperava nesse dia, se soubesse ficaria em casa e teria evitado muitas lágrimas e momentos de desespero.

Na sala do apartamento do Padre, ao lado do confortável sofá, um rico etagere exibia porta-retratos com fotos sensuais de artistas francesas, que faziam sucesso no cinema, revelando os gostos do morador, em contradição com sua moral de pároco. O professor astuto, com objetivo de angariar a simpatia e confiança de sua convidada, tratou de substituir as fotos ousadas por outras com motivos infantis, que se encontravam dentro de uma caixa em seu quarto.

No horário combinado ele já estava no ponto do bonde. Ela estranhou seu terno elegante.

— Professor, o senhor não está de batina?

— Não acho legal ir a um restaurante de batina, todos ficam olhando e perguntando: *O que será que esse padre está fazendo aqui?* É desagradável, sinto a reprovação das pessoas, principalmente das carolas, então reservo uma muda de roupa para certas ocasiões. Não posso vestir-me desse jeito, mas sou um pouco rebelde, gostaria de ser livre como você, mas tenho que obedecer às regras. E seja sincera: É a roupa que faz o cristão?

— Não! Também não suportaria ser obrigada a andar sempre de batina.

E sorriu aprovando a atitude do padre.

Tomaram o bonde com destino ao Bexiga, bairro dos italianos. O padre Augusto de Maria poderia deixar de ser padre, se quisesse, pois tinha uma boa profissão, que permitiria sua sobrevivência. Era professor renomado e bem remunerado, tanto que estava planejando casar-se. Mas Estela apareceu em sua vida e não queria perder a oportunidade de conquistá-la. Seria uma aventura passageira, como tantas outras que tivera com alunas e frequentadoras da Igreja. Estava cada vez mais encantado com a garota. E ela, adolescente ingênua e inexperiente, estava confiando no padreco. Em seu amplo apartamento, próximo ao colégio, apesar da vida que vivia, pensava seriamente em renunciar à vida eclesiástica e um dia se casar. Na cantina romântica, acomodaram-se numa mesa de canto, longe do burburinho dos clientes e dos olhares curiosos. Padre Augusto, perguntou interessado em puxar assunto:

— Fale-me sobre esse negócio de Espiritismo.

— Leia o livro. Respondeu Estela com um sorriso encantador.

— Foi de lá que você tirou essa ideia de que me conhece de outras vidas?

— Leia o livro.

— Você não sabe falar outra coisa? *Só Leia o livro*!

— É que o *Livro dos Espíritos* é a base fundamental da Doutrina Espírita, responderá suas perguntas melhor do que eu, não quero correr o risco de ensinar errado. Primeiro leia, depois discutiremos suas conclusões.

Respondeu com o mesmo sorriso charmoso. Num determinado momento da conversa, o conquistador resolveu desabafar seus pensamentos, que era uma tática desenvolvida para testar o quanto sua presa concordaria com seu comportamento, com suas intenções:

— Estela, não suporto o celibato, é um dogma

católico ultrapassado que contraria a natureza, vai de encontro ao sacramento mais valioso da Igreja: crescei e multiplicai-vos. Por que um padre está proibido de formar um lar, nós que somos os maiores defensores da família? Alguns colegas dizem que é para forçar a concentração no trabalho, mas e os dirigentes de outras religiões que são casados? Trabalham menos? Como vamos orientar os devotos em questões de re-lacionamento conjugal, educação de filhos e outros problemas familiares, sem tê-los vivido? Quando pro-blemas dessa natureza são levados ao confessionário, somos obrigados a opinar sobre o desconhecido. Considero o celibato totalmente contrário à natureza humana. Você não acha difícil o homem conter seus impulsos?

— Acho difícil sim, também sou contrária ao celibato; acho que os padres deveriam se casar, cons-tituir família. O celibato deveria ser voluntário e não obrigatório! O celibato obrigatório causa uma série de problemas que vemos por aí, que ocupam as páginas dos jornais.

Padre Augusto exultava com o raciocínio da jovem que, de certa forma, beneficiava-o. Conversaram sobre diversos outros assuntos, e a aluna estava feliz por conhecer melhor a pessoa que ela admirou desde o primeiro dia de aula. Jantaram relativamente rápido e o mestre, olhando para o relógio, falou atencioso:

— Que bom que terminamos cedo. Gostaria de lhe mostrar uma coisa importante, que fiz especialmente para esta noite, se você não se importa. Moro aqui perto, podemos ir a pé, conversando.

Disse convincente.

— É tarde professor, vamos deixar para outro dia.

Estela tentou recusar o convite, com razão, mas também estava gostando de usufruir da companhia dele.

— Faço questão que seja hoje e ofereço o táxi pra você voltar pra casa.

Disse sorrindo.

— Então vamos rápido.

A estudante aceitou o convite, curiosa para saber o que era essa coisa importante, que ele havia reservado. Padre Augusto sentiu que seu plano estava caminhando bem.

Chegando ao apartamento bem decorado, ela se acomodou confortavelmente no sofá. Numa mesinha ao lado havia alguns porta-retratos estrategicamente colocados. O professor sentou-se ao seu lado e começou a acariciar seus cabelos, fazendo elogios à sua beleza e tentando uma maior aproximação. Ela esquivou-se com delicadeza, e ele foi pegar o doce caseiro que havia preparado.

— Estela, só um minuto que vou servir a sobremesa que fiz com carinho, mas para harmonizar, precisamos de um bom vinho.

— Obrigada professor, não bebo!

Disse sorrindo, encantada com o ambiente acolhedor e a gentileza do mestre.

— É vinho de missa, abençoado por Deus, não faz mal nenhum.

Disse convicto de que ela experimentaria pelo menos um pouquinho, que seria o início da noite, para envolvê-la da maneira como pretendia. *Com vinho ou sem vinho estamos a sós, daqui ela não sai*, pensava. Foi até a cozinha para ultimar os preparativos.

Ela ficou na sala olhando as fotos no etagere. De repente, levou um susto: sua mãe com um bebê recém-nascido no colo. Pegou o porta-retratos, viu uma frase no verso, reconheceu a letra e, nervosa, com muita dificuldade, tirou a foto do porta-retrato e leu:

"Padre Augusto, como ela caiu do céu pra nós, colocamos o nome de Estela, que quer dizer estrela. Deus o abençoe, Jandira, São Carlos, 15-03-1919."

Correu até a cozinha desconcertada, sem saber o que dizer, exibiu a foto com as mãos trêmulas e falou emocionada:

— Padre, essa é Jandira, minha mãe. São Carlos é a cidade onde nasci! Essa é a data do meu nascimento. O senhor conhece minha mãe? O que o senhor tem a ver com tudo isso?

O conquistador incorrigível reconheceu de imediato que estava diante de sua própria filha. Moralmente arrasado com a situação inesperada, sem coragem para confessar a verdade, pois estava conduzindo um plano de sedução quase concluído, envergonhado e perplexo, sentiu sumirem suas forças e deixou cair as baixelas de cristal e o vinho, que estavam na bandeja.

O barulho da quebra dos cristais e a bebida derramada no tapete, perturbaram-no mais ainda. Sem ter o que responder, estancou paralisado olhando para ela, sentindo as lágrimas da vergonha banhar seu rosto. Ela ficou surpresa com a mudez do professor, que não esboçou nenhuma reação. Quem afinal era ele? Por que não respondeu sua pergunta? Seria ele o responsável por sua adoção ou era seu pai biológico? Que segredo estaria escondendo? Somente agora notou que seus olhos azuis eram parecidos com os dele. Colocou o retrato em sua bolsa e saiu correndo, em busca do aconchego da mamãe querida, que poderia ampará-la e explicar aquela foto. Foi chorando pelas ruas até encontrar um táxi.

CAPÍTULO 23

O ARREPENDIMENTO
DO PADRE

Após a saída repentina de Estela, Padre Augusto sentou-se no sofá e chorou amargamente. Quase cometera um crime terrível contra sua própria filha. Com a cabeça entre as mãos, sentia-se um fracassado, com vontade de pôr fim à própria vida. No seu desespero, sabia que tivera um comportamento imperdoável. Estava enojado de si mesmo. *Meu Deus, o que eu pretendia fazer? Ela é minha filha! Sou um canalha! Preciso acabar com minhas aventuras amorosas. Esse dogma do celibato está acima das minhas forças. Preciso sair da Igreja, casar-me, constituir um lar, ter uma vida digna como todo mundo. Meu Deus me perdoe, não consigo suportar o peso dos meus erros*! Soluçava sem parar, revendo, como num filme, os atos negativos que cometera ao longo de sua vida. Tivera inúmeros casos conjugais. Era um conquistador hábil, iludia com certa facilidade, sem pensar nas consequências de seus atos, na dor que causava aos que se deixavam levar por suas promessas. Não respeitava o celibato, que lhe foi imposto, contrariou o juramento que fizera quando se ordenara padre. Utilizava-se de sua condição de sacerdote para inspirar confiança e transitar com facilidade entre aqueles que o rodeavam. Sua autoridade eclesiástica lhe dava uma série de benefícios e se aproveitava disso. Atormentado por uma avalanche de pensamentos, não conseguiu dormir. Arrependido pelo que fizera, derramou muitas lágrimas, pensando em mudar o curso de sua existência. Sentia-se infeliz, o mais infeliz dos homens. Não conseguia parar de pensar nas consequências se pecasse contra sua filha, preferiria morrer. Concluiu que demitir-se da Igreja e se casar, montar sua casa, seu lar, ter uma família, seria o primeiro e grande passo. Estava seriamente arrependido.

O arrependimento, quando sincero, dá início à vontade de melhorar-se. A vontade é a maior força do universo. É a energia que move montanhas, segundo nos ensinou Jesus. No entanto, o processo de mudança interior pode gerar a culpa, o complexo de culpa, pelo reconhecimento das faltas cometidas. Sempre que alguém não pratica as Leis de Deus está fazendo o mal, está errando. Como as Leis de Deus estão escritas na consciência, dizem com precisão quando o indivíduo erra, para que possa, se quiser, corrigir-se, regenerar-se. A ação da consciência é o maior estímulo à evolução do Espírito. É um ato interior, íntimo, exclusivo da criatura, que estimula o crescimento espiritual, que se completa com a cessação das falhas e a reparação dos prejuízos que causou. Sem a reparação não há progresso. Semear é uma questão de livre-arbítrio, mas colher é obrigatório, é da lei. De que maneira o professor poderia reparar os desvios cometidos? Fazendo todo o bem ao seu alcance e não errando mais, praticando boas ações, até o limite de suas forças. O amor cobre a vastidão de pecados, isto é, quando fazemos o bem quitamos nossas dívidas, somos os primeiros beneficiados. É na vida corpórea que o Espírito repara o mal de existências anteriores ou da existência em curso. Portanto o erro, que resulta no sofrimento, na dor física ou moral, é uma forma valiosa de aprendizado. Se o Espírito imortal aprendesse com o Evangelho de Jesus não haveria sofrimento nem dor. Mas o Espírito, no estágio evolutivo em que se encontra, dominado pelo egoísmo e pelo orgulho, deixa-se levar pelas ilusões da Terra. Jesus disse: "Eu sou o caminho, a verdade e a vida, ninguém vai ao Pai, senão por mim". Não existe outro caminho. Jesus é o modelo que devemos seguir, nosso guia.

Naquela noite, a mãe de Estela explicou-lhe o processo de sua adoção. Disse que Padre Augusto de Maria era seu pai biológico e que não conheceu sua mãe, que morava numa fazenda, próximo de onde moravam. Disse também que achava que o padre tivesse morrido, havia sido informada disso, não sabia que ele estava morando em São Paulo. Era grata a esse religioso, por ter recebido dele uma filha encantadora. Jandira advertiu Estela severamente, pois fora imprudente e desobediente, aceitando o convite para sair com o professor, sem avisar seus pais. Estela pediu desculpas e, mentalmente, agradeceu a Deus a proteção espiritual que tivera, pois seu comportamento poderia resultar num desastre moral de sérias proporções. O professor afastou-se das aulas, por uma semana, para recuperar-se emocionalmente, alegando problemas de saúde. Quando retornou, procurou pela filha na biblioteca. Ele não usava a vestimenta clerical.

— Estela, vim pedir o seu perdão. Perdoe-me, por favor.

E limpou, com as costas das mãos, as lágrimas que escorriam pelo seu rosto.

— Sinto-me honrado em conhecê-la e saber o quanto você é inteligente, estudiosa, feliz. Sinto-me envergonhado pelo que fiz. Perdoe-me.

— Não preciso perdoá-lo, o senhor não me prejudicou em nada, estou muito bem com a família que Deus me deu. Quando puder, gostaria de conhecer minha mãe biológica, se for possível, mas não se preocupe, tudo está bem. Tudo tem uma razão de ser.

— Emocionou-se vendo que seu pai não parava de chorar.

— Sabe, Estela, muito do que fiz, foi por não suportar o celibato, pelos motivos que já lhe contei. Nunca mais tive notícias de sua mãe biológica. Fui obrigado a entregar você para o Macedônio e Jandira, que não tinham filhos. Naquela época, não podia nem pensar em deixar a Igreja, pois não teria como sobreviver sem profissão. Reconheço que fui covarde, egoísta, só pensei em mim, faltou coragem para assumir o casamento. Hoje estou livre, preso apenas aos erros do passado. Tomei tardiamente a melhor decisão da minha vida, não sou mais padre.

Estela viu que ele não estava usando batina.

— Tenho uma boa profissão e estou namorando Florinda, professora desta escola, com quem devo me casar em breve.

— Desejo que o senhor seja muito feliz, como sou com meus pais.

— Também quero dizer que li seu presente em dois dias. Fiquei grudado naquele livro, não conseguia parar de ler. Ele mudou tudo o que entendia por religião, chegou na hora certa, num momento de desespero. Hoje não sou mais católico, sou Espírita. Com certeza absoluta, sou Espírita! Estou relendo esse livro bendito, estudando essa obra extraordinária de Kardec e fazendo minhas anotações. Esse livro, conforme você disse, respondeu a todas as minhas dúvidas e questionamentos da vida. Questões sem respostas, carregadas comigo há muitos anos. Muito obrigado por esse presente valioso. Não sei o que seria de mim sem essas revelações. Acho que não teria suportado os momentos difíceis, quando comecei a refletir sobre meu comportamento desajustado. As respostas dadas a Allan Kardec pelos Espíritos iluminaram minha vida. Não falei pra você, mas Florinda sempre foi simpatizante do espiritismo, e ontem fomos a um pequeno Centro Espírita perto de casa. Comecei um tratamento espiritual e devo continuar com uma série de passes, que nem sei o que é. Um espírito se comunicou e disse que não posso mudar o passado, mas posso construir um futuro belíssimo, se for um homem de bem. Aceitei o desafio, quero ser outra pessoa, cansei de errar e de prejudicar muita gente. Não deveria ter me demorado na religião, que não atendia meus anseios de vida, nem resolvia as dúvidas que trazia no coração. Acabei sendo um religioso inseguro, vivia fingindo e enganando aqueles que acreditavam em mim. Ensinava os dogmas católicos sem convicção, estava perdendo a fé a cada dia.

Estela procurou mudar o assunto, para tirá-lo daquela situação difícil.

— Que bom que o senhor está gostando da

filosofia espírita, que não é só filosofia, mas também ciência e religião. A Doutrina Espírita, como o senhor deve ter aprendido, está alicerçada nas leis naturais da vida. É o cristianismo redivivo, pois recorda os ensinamentos de Jesus, na sua maior pureza, sem as mudanças trazidas pelos homens.

Augusto estava prestando atenção nas sábias explicações da filha, mas preocupado com suas últimas decisões. Com os novos caminhos que se abriram à sua frente. Com sentimento sincero, tomou coragem e falou emocionado:

— Filha, posso lhe dar um abraço?

E permaneceram chorando abraçados na biblioteca do Colégio Nossa Senhora de Fátima, uma das melhores escolas de São Paulo.

— Não consigo chamá-lo de pai, pois já tenho um pai maravilhoso. Vou chamá-lo de professor, posso?

— Pode sim. Depois quero agradecer ao Massa e à Jandira por tudo que fizeram por você, filha querida.

E, ainda envergonhado, ficou controlando as emoções, para não chorar de novo, admirando a beleza e a sabedoria da filha.

"Existem Espíritos cujo arrependimento é muito tardio; porém, pretender-se que nunca melhorarão seria negar a lei do progresso e dizer que a criança não pode tornar-se adulta."[1]

---

[1] São Luis - questão 1007 de O Livro dos Espíritos, de Allan Kardec.

CAPÍTULO 24

OS ESTUDOS NA CASA ESPÍRITA

Algumas semanas depois de apresentar-se como Espírita, Augusto programou suas aulas noturnas no Colégio para reservar uma noite ao curso de aprendizes do espiritismo, na Casa Espírita próxima de sua residência, dirigida por João Otávio, conhecido como "sublime", pelo carinho que dispensava a todos os alunos e frequentadores. O novo estudante estava tendo um aproveitamento exemplar, pelos conhecimentos que tinha da Bíblia e pela vontade de conhecer a Doutrina, que falava diretamente ao seu coração. Florinda, sua futura esposa, tinha concluído os estudos no ano anterior e frequentava o curso de médiuns em outro dia da semana. Estudavam o *Livro dos Espíritos*, de Allan Kardec, mas Augusto estava cada vez mais encantado com *O Evangelho Segundo o Espiritismo*, também de Kardec, pela clareza das mensagens dos Espíritos. Compreendeu o motivo de a Doutrina estar sendo duramente atacada pelos dirigentes católicos e por outros religiosos, sofrendo todo tipo de perseguição, porque ela é verdadeiramente cristã, a única que está em sintonia perfeita com os ensinamentos de Jesus e com a Bíblia, e isso ele entendia. O principiante dizia que os Espíritas são os verdadeiros evangélicos, porque nenhuma outra religião apresenta Jesus sem distorções, com clareza absoluta, só o Espiritismo.

O ano de 1936 foi proveitoso para o movimento espírita. Além da abertura de novas Casas, em diversos bairros, e da formação de grupos espíritas nos lares, em 12 de julho havia sido fundada a Federação Espírita do Estado de São Paulo, e em 12 de agosto foi apresentado o primeiro programa espírita pela Rádio Cultura de Araraquara, por Cairbar Schutel, o Bandeirante do Espiritismo, que disse na conferência inaugural: "Estou representando um ideal e vos falo em nome do mesmo. Julgo que este ideal deve constituir os vossos maiores desejos, as vossas mais justas aspirações, porque ele é o anseio de todos os corações, é o desejo de todas as almas, é seiva vital que vivifica a humanidade toda. Vim dizer-vos sobre o nosso futuro, sobre os nossos destinos após o fenômeno que chamamos morte; vim, finalmente, falar-vos da imortalidade da alma, do prosseguimento de nossa vida além-túmulo".

Nas reuniões se discutiam vários assuntos interessantes, principalmente a revelação de um jovem mineiro chamado Chico Xavier, que com 21 anos de idade lançou em 1932, pela Federação Espírita Brasileira, a obra *Parnaso de Além-Túmulo*, sua primeira obra psicografada, uma antologia de poemas de poetas desencarnados. Naquela época, o escritor Monteiro Lobato afirmou: "Se Chico Xavier produziu tudo aquilo por conta própria, então ele merece ocupar quantas cadeiras quiser na Academia Brasileira de Letras". Essas opiniões positivas estimulavam o ânimo dos Espíritas. Augusto, a cada aula, lia uma poesia, com sua interpretação característica, sob a alegria e entusiasmo dos companheiros. Os poetas Olavo Bilac, Castro Alves, Casimiro de Abreu, Augusto dos Anjos e tantos outros, falavam sobre a imortalidade da alma e as vidas sucessivas. Em 1935 Chico Xavier lançara seu segundo livro psicografado, *Cartas de Uma Morta*, de autoria de sua mãe desencarnada Maria João de Deus, falando da vida no plano espiritual, principalmente em Marte, dando origem a muitas discussões e interpretações.

O curso seguia normalmente com as revelações

do mundo dos espíritos, consolando e esclarecendo os participantes, quando numa noite fria, escura, sem estrelas, com alguns relâmpagos anunciando chuva torrencial, um carro de praça parou em frente ao prédio do professor Augusto e ficou aguardando a chegada do mestre, que naquela noite estava no Colégio. Quando o relógio marcou vinte e três horas, Augusto chegou a pé, elegantemente trajado, de terno, sobretudo e chapéu de feltro, com uma pequena maleta de couro recheada de livros e papéis, e subiu ao apartamento sem notar a presença do veículo que o espreitava. Como de costume, iria preparar um chá para antes de dormir, quando ouviu batidas na porta. Ao atender, surpreendeu-se. Ali estava uma de suas alunas, que tinha sido uma de suas grandes paixões do passado não muito distante. Nervoso, falou automaticamente:

— Pois não!?

— Como vai Guto, posso entrar?

— Fique à vontade Ambrósia. Qual o motivo da visita inesperada?

A jovem era de uma beleza invulgar, morena clara, cabelos cacheados, olhos pretos, sorriso sensual, linda como uma atriz do cinema francês.

— Saudades, meu amor, sabe o que é isso? Pois eu sinto sua falta todos os dias, não consigo estudar, não consigo pensar em outra coisa a não ser em você! Ah! Como você fica lindo sem a batina!

Ela avançou para beijá-lo, mas ele esquivou-se.

— Ambrósia, por favor, tivemos um caso passageiro, superficial, que já passou. Compreendo o que você está dizendo, mas agora estamos em situações diferentes. Estou compromissado, devo me casar dentro de alguns meses com a professora Florinda, que você deve conhecer do Colégio.

— Vamos recuperar o tempo que perdemos, reaver a nossa vida, sinto falta de suas palavras de amor, de seus beijos, de seus abraços, de suas declarações apaixonadas!

Ante o visível nervosismo dela, Augusto preocupou-se e procurou acalmá-la:

— Não fique assim, esse seu comportamento pode abalar sua saúde, procure acalmar-se. Vamos conversar como amigos.

Ela não ouvia nada do que ele dizia, estava aflita, inconsolável.

— Soube que abandonou a Santa Madre Igreja. — falou com ironia. — Se quando você estava enterrado até o pescoço na Igreja, representando Deus aqui na Terra, fizemos tudo o que fizemos, não será uma mísera professorinha que irá nos separar! Meu amor, não suporto mais essa sua frieza, esse distanciamento. Esses meses estão me matando, tirando minha vida, sugando minhas energias, não consigo pensar em nada a não ser no meu querido professor Augusto. No meu amor! No amor de minha vida! Lembro-me desse apartamento como se fosse hoje, quantas noites passamos aqui? Quantos momentos de felicidade!

— Ambrósia, você não está entendendo, não estamos mais namorando, nossa realidade é outra, nosso caso foi apenas uma atração passageira. Agora amo outra mulher. Iniciamos os preparativos para o casamento em meados do ano que vem. Não quero iludi-la com promessas que não poderei cumprir. Meu coração pertence a outra pessoa!

— Mentira! Mentiroso! Você dizia que me amava, que iria afastar-se da Igreja para viver comigo, para se casar comigo! Assuma sua palavra de homem! Você não cumpriu o juramento a Deus por minha causa.

Você trocou Deus por mim! Essa foi a maior prova de amor que você me deu! Para você, fui mais importante que Deus! Você trocou os compromissos eclesiásticos por minha causa! Eu sei que você me ama. Não será outra mulher que irá tirá-lo de mim!

Gritava desesperada, enquanto o segurava com ambas as mãos pelo colarinho da camisa, como para fazê-lo escutar seu desespero. As lágrimas rolavam por sua face. Estava sofrendo, totalmente fora de si.

— Perdoe-me Ambrósia, perdoe-me! Não queria fazê-la sofrer! Não posso ficar com você, tenho outra pessoa em minha vida! Perdoe-me!

— Você vai se arrepender do que está falando! Se não ficar comigo, não ficará com ninguém! Não ficará com ninguém! Você é meu! É só meu!

Depois de ter gritado para todo prédio ouvir, virou-se repentinamente, pegou sua bolsa e de dentro retirou uma pequena garrucha. Sem que ele tivesse tempo de defender-se, apontou a arma e disparou. Foram dois tiros. Augusto caiu numa poça de sangue. Ambrósia saiu correndo, pegou o táxi, que a esperava e desapareceu na neblina da noite. Os vizinhos, que ouviram os gritos e os estampidos, encontraram o apartamento com a porta aberta e o corpo estendido no chão. Um deles aproximou-se, examinou o homem caído, e falou com segurança:

— Está morto, vamos chamar a assistência rapidamente, para que não ajuntem muitos curiosos nessa hora da noite.

CAPÍTULO 25

AUGUSTO NO PLANO ESPIRITUAL

O carro da assistência, com dois enfermeiros, levou Augusto para a Santa Casa de Misericórdia de São Paulo, onde foi internado em estado grave. Estava praticamente sem pulsação, como morto. Passou por duas cirurgias de emergência. Uma bala alojou-se na perna direita, tendo quebrado o fêmur. Outra feriu seu estômago, sendo necessário conter a hemorragia, que poderia levá-lo a óbito. Permaneceu alguns dias inconsciente, devido aos ferimentos sofridos. Os médicos sabiam que dificilmente ele superaria os traumas sofridos. Durante o período comatoso, Augusto disse ter sonhado, e se viu num túnel imenso, com uma luz resplandecente ao longe, a atraí-lo sem que ele pudesse evitar. Vestia roupas diferentes, pareciam túnicas sobrepostas, que esvoaçavam suavemente com a brisa suave a soprar naquele ambiente totalmente diferente para ele. Apesar das circunstâncias, do local desconhecido, não estava com medo, sentia-se seguro e permitiu que lágrimas de emoção rolassem pelo rosto. Uma jovem mulher, que lembrava muito sua mãe, que retornara ao plano espiritual quando ele ainda era criança, aproximou-se lentamente e falou com doçura:

— Augusto, não chore! Estou cuidando de você, filho querido!

Ele permaneceu mudo, não conseguiu articular uma só palavra, somente as lágrimas falavam por ele. Ela continuou com ternura:

— Não precisa chorar, você vai ficar bem! Estarei ao seu lado! Confie sua vida a Jesus, nosso Mestre. Ele dará forças para você prosseguir sua jornada redentora. Agora volte, sua futura esposa e seus filhos precisam de você. Trabalhe bastante no bem, divulgue os ensinamentos de Jesus com entusiasmo, com amor, aproveite o resto da sua existência, pois acompanharei seus passos onde você estiver. Volte, meu filho, está na hora de recomeçar!

Augusto despertou, para o júbilo dos profissionais da saúde, que não acreditavam na sua recuperação, devido à gravidade dos ferimentos. Depois de alguns dias, teve alta e ficou com uma sequela, mancava da perna direita, apesar dos exercícios corretivos aplicados. Mas isso não abalou sua predisposição de seguir à frente com seus propósitos de melhoria. Retornou aos estudos na Casa Espírita e ao trabalho no Colégio, onde o aguardaram com uma pequena recepção, promovida pelos colegas.

Augusto em nada lembrava o homem que todos conheciam. A retração na perna retirou sua elegância no andar, a intervenção sofrida no estômago não permitia que engolisse um volume normal de alimentos, o que o deixou excessivamente magro, mas, em compensação, estava mais feliz, com seus belos olhos azuis, a demonstrar sua alegria de viver e a predisposição de fazer todo o bem que estivesse ao seu alcance. Era outro homem, física e moralmente. Casou-se com a professora Florinda e tiveram quatro filhos. Estela casou-se e também teve quatro filhos, que o chamavam carinhosamente de vovô.

Ambrósia desapareceu, nunca mais foi encontrada, apesar de ele assegurar que ela, depois de alguns anos, assistiu a uma de suas palestras sem reconhecê-lo; e isso foi uma das maiores emoções de sua vida, devido ao estado em que ela se encontrava. Chorou muitas vezes ao se lembrar da cena, pois ela trazia no olhar uma profunda tristeza, abatida, cabelos desarrumados, *deselegante, sem a beleza encantadora de outrora. Será que fui o responsável pelo sofrimento dessa moça? Será que fui o causador de sua derrota espiritual? Meu Deus, como errei*! — pensava. Em suas preces, pedia que ela, na próxima encarnação, voltasse como sua filha, para cobri-la de cuidados e reparar com amor os erros que cometera.

Numa manhã ensolarada de domingo, auditório lotado, após concluir sua palestra, Augusto Vergal, como era conhecido, foi abordado por um jovem, que aparentava aproximadamente quatorze anos de idade:

— Gostei do que o senhor falou. Lá na minha terra não temos oradores assim.

— É que sou professor, e isso ajuda muito. Mas obrigado pela gentileza. Você não é daqui? — perguntou sorrindo, feliz com a espontaneidade e simpatia do garoto.

— Sou de Araraquara, uma terra muito quente.

A emoção envolveu o palestrante. Lembrou-se do passado infeliz naquele momento especial: o filho diante do pai, atraído pela bela exposição do Evangelho. Mateus à sua frente, com seus lindos olhos azuis, cabelos pretos, parecia-se com o expositor, antes das transformações que o tempo e a vida desregrada lhe impuseram. Augusto, que fora convidado para divulgar os ensinamentos de Jesus, ao ouvir o nome da cidade, reconheceu de pronto quem estava à sua frente. Pêgo de surpresa, traiu-se, suas pernas fraquejaram, suas mãos ficaram trêmulas, os olhos vermelhos e o rosto foi tomado por palidez cadavérica. Disfarçando o nervosismo, impossibilitado de abraçar e beijar o filho como gostaria, pigarreou algumas vezes e disse com dificuldade:

— É uma bonita cidade!

— O senhor conhece Araraquara?

Ficou pensando na melhor resposta e, antes que pudesse dizer alguma coisa e conhecer um pouco seu filho, Iracema, que se aproximava linda e elegante, com um belo vestido de linho, todo bordado por ela mesma, apressada, puxou delicadamente o filho pelo braço:

— Vamos embora, estamos atrasados! — arrastou o jovenzinho com carinho, sem deixar de notar que aquele homem, que ela não reconhecera, deixava que duas lágrimas molhassem seu rosto amargurado, sofrido. Deduziu que ele, orador inspirado, de cabelos brancos ralos, manco, magérrimo, olhos azuis profundos, ainda estava emocionado com as palavras proferidas naquela manhã. Nada poderia fazê-la lembrar-se daquele homem que um dia infelicitou sua vida.

CAPÍTULO 26

O REENCONTRO
COM BEATRIZ

Alguns anos após as mudanças decorrentes da queda do café, Beatriz e Mario, deixaram a fazenda sob a administração dos filhos e se mudaram para São Paulo, para o bairro do Pacaembú, conhecido como o mais belo e nobre da capital paulista. Fixaram residência perto do Cemitério do Araçá e começaram a frequentar o Centro Espírita Amor e Paz. As palestras públicas eram realizadas nas manhãs de domingo. Beatriz, dinâmica como era, engajou-se como voluntária nos serviços assistenciais da casa, logo sendo promovida para a função de coordenadora, onde foram aproveitados seus largos recursos de administração. Com reconhecida humildade e simplicidade, doava-se às famílias necessitadas e aflitas, orientando e socorrendo todos que a procuravam naquele pronto socorro espiritual. Com o auxílio de outras voluntárias, confeccionavam roupas, agasalhos e alimentos, além de providenciar remédios homeopáticos para os doentes, quando necessário. Tinha especial atenção pelos filhos daquelas famílias, sendo uma das responsáveis pela criação do curso de Espiritismo para Crianças. Não tinha o hábito de frequentar as palestras aos domingos, aproveitava para descansar das atividades da semana, somente nas terças-feiras à noite comparecia nos estudos de "O Livro dos Espíritos", dirigido pelo jovem Plínio, que se tornaria brilhante advogado. Naquela semana, um aviso numa das paredes da sala de estudos, anunciava a visita para o próximo domingo de um orador desconhecido para ela: Augusto Vergal. Incentivada por uma amiga, acompanhada do marido, resolveu assistir a palestra divulgada.

O orador foi apresentado como professor de filosofia, e após a prece inicial deu início à explanação. A princípio Beatriz ficou em dúvida: Parece que conheço esse orador, ele não me é estranho. Depois de alguns minutos, recordou-se do passado, e ficou inquieta com aquele homem à sua frente, lembrou-se de quando o expulsou da fazenda, da discussão e dos problemas. Franziu os olhos nervosa e perguntou baixinho para seu esposo:

— Você sabe quem é esse homem?

— Sim, o professor Augusto Vergal...

Ela retorceu-se na cadeira com a ignorância do marido, cada vez mais surpresa com a desenvoltura

do orador que estava discorrendo sobre as caracterís-
ticas do homem de bem[1].

— Não, ele é o Padre Augusto, seu desmemoriado!
— disse com raiva.

— Você falou muitas vezes dele, mas nunca o vi
nem por fotografia, por isso você não tem razão de me
tratar assim. E qual o problema? Deixou de ser padre
e agora é espírita!

— É o que vou procurar saber, pois a natureza
não dá saltos. O que será que ele está fazendo no
espiritismo?

— O mesmo que nós! Faça silêncio, vamos prestar
atenção no que ele está falando! Respeite o homem!

Beatriz estava buscando mentalmente explicações para aquilo tudo. Em alguns momentos chegou a
ficar penalizada com a situação do expositor, devido à
sua magreza que o tornara um homem feio, desajeitado,
trêmulo, cabelos brancos e ralos, olhos profundos e
claros, aparentando ser bem mais velho do que era.
Não se parecia em nada com aquele conquistador de
batina, mas a voz era parecida, apenas um pouco rouca.

---

[1] Capítulo XVII do Evangelho Segundo o Espiritismo, item 3

Beatriz esforçava-se para ouvi-lo, mas não conseguia concentrar-se no que ele dizia, apenas achava estranho aquele sujeito ali, na condição de orador, falando de espiritismo, e pior, sobre o homem de bem, justamente o que ele nunca foi, pensava.

O professor a reconheceu de imediato e sentiu as pernas bambearem, as mãos ficarem trêmulas e a respiração difícil. Percebeu que ela continuava linda, olhos verdes, elegantemente vestida, falando com aquele que parecia ser seu marido. Esforçou-se o mais que pôde para ficar tranquilo, mas não conseguiu, as palavras sumiam, o pensamento escapava contra a sua vontade, estava tomado pelo nervosismo e, para agravar a situação, sentia-se envergonhado. No que diz respeito à sua exposição, não foi uma manhã feliz. Esqueceu-se de quase tudo o que preparou para transmitir aos frequentadores do Amor e Paz. Antes da hora combinada, encerrou a palestra e sentou-se cabisbaixo, como tentando fugir da presença que o incomodava e que o fazia recordar-se do seu passado. Encerrados os trabalhos, alguns se aproximaram para cumprimentá-lo. Quem o conhecia perguntava intimamente o porquê da diferença na oratória. Pode ser que o professor estivesse doente, sua palidez dizia isso, pensavam. Como não podia deixar de ser, Beatriz aproximou-se e perguntou sem disfarçar sua estranheza:

— Professor, por acaso o senhor já foi padre?

— Sim, renunciei à Igreja Católica e abracei a Doutrina Espírita. Quando a vi naquela cadeira, me lembrei imediatamente da senhora e me senti envergonhado dos erros que cometi, dos prejuízos que causei. Conheci seu trabalho na fazenda em benefício dos empregados, mas mesmo assim fui um dos que atacavam o Espiritismo, sem conhecer as consequências do que fazia. Peço seu perdão minha senhora, e sei perfeitamente que tudo o que plantei, já estou colhendo e colherei nas próximas existências. Peço o seu perdão!

— Senhor Augusto, não tenho do que lhe perdoar e não quero seu mal em hipótese alguma, apenas estou surpresa com sua transformação. Não acreditava que isso um dia fosse possível. Estou feliz em reencontrá-lo numa Casa Espírita, e só lhe peço uma coisa, professor: que as suas ações confirmem suas palavras!

O velho palestrante abaixou a cabeça para

esconder as lágrimas que inundavam seus olhos e reunindo as forças que lhe restavam, respondeu quase sussurrando:

— Deus agora me colocou no lugar que preciso. Para fazer as palestras tenho que ler, estudar, pesquisar, e sou o grande beneficiado com esses conhecimentos. Assim tenho esperanças de errar menos nessa vida e nas próximas... Estou aprendendo muito ...

Beatriz sentiu sinceridade naquelas palavras e mentalmente pediu a Deus que amparasse aquele espírito que estava se esforçando para ser um homem bom. E o professor de filosofia, como estava só, após despedir-se de todos, tomou da bengala e foi andando com dificuldade até a porta. Mario correu para ajudá-lo a descer os dois degraus do final do auditório. O professor, agradecido, virou-se e o abraçou emocionado. Beatriz emocionou-se também.

CAPÍTULO 27

A CONFISSÃO
DE FLORINDA

Da cama onde se encontrava, Florinda chamou seu marido com voz rouca, que demonstrava seu enorme esforço na luta contra aquela doença degenerativa. Do hospital fora transferida para sua casa, para continuar o tratamento ao lado de seus amados. Augusto contratou uma enfermeira experiente para os cuidados necessários. Ouviu uma voz tão baixa, distante, que não acreditou que estava sendo chamado. Largou seu livro na sala, levantou-se com dificuldade, devido à perna que o incomodava, e perguntou atencioso:

— Flor, você me chamou?

— Sim querido... acho que devo preparar-me para a grande mudança... Gostaria de conversar um pouco... Como você sabe... completamos nesta semana trinta e oito anos de casados... uma vida de muitas tristezas e alegrias! — Ele inclinou-se e beijou-a delicadamente, segurando com cuidado suas mãos, e respondeu sorridente, procurando afastar da amada algum pensamento que pudesse prejudicá-la em seu restabelecimento:

— Não acredito que você, meu amor, esteja refletindo sobre essas coisas agora. Não é o momento, você precisa repousar, descansar, para logo estar recuperada.

— Guto... meu amor... não sou bobinha... sei que dentro de alguns dias... estarei retornando para a verdadeira pátria. Sinto deixá-lo... porque você é o grande amor da minha vida... mas quero revelar alguns segredos que trago comigo... pois sei que logo mais... aqui ou do outro lado... você saberá. E não quero que saiba... por intermédio dos outros... sou suficientemente corajosa... para me confessar diante do padre da minha vida. — disse com um lindo sorriso e com os olhos marejados de lágrimas, e continuou:

— Se tive a coragem de fazer... devo ter a coragem de dizer... Ajude-me com os travesseiros... quero me sentar... assim posso vê-lo melhor.

— Mas o que é isso, meu amor? Não faça esforços, depois você me conta, não precisa ser agora. — respondeu preocupado.

— Guto... antes de você renunciar à Igreja... logo que comecei a lecionar... nos encontrávamos em seu apartamento. ... Nossas noites foram... inesquecíveis.

— Sim, Flor, nosso amor sempre foi verdadeiro, divino.

— Não... Guto... não foi! ... Naquela época... você não me amava... o bastante. ... Eu sabia que você... me traía... mas meu amor... estava acima de suas traições... eu o amava sem exigir... nada em troca... apenas pelo prazer de saber que você... um dia se casaria comigo... e acertei... e sou muito feliz.

O professor ficou mudo, paralisado. Ele não tinha certeza se ela sabia de tudo o que ele fez, mas agora estava confirmado. Flor tinha razão, ele fora infiel. E aquela lembrança, naquelas circunstâncias, deixava-o arrasado. Reuniu forças e disse:

— Mas Flor, por que esses assuntos agora? O que passou, passou. Perdoe-me, sei que errei, mas eu a amava desesperadamente, pois sempre voltava correndo para seus braços. Não vamos falar sobre isso agora. Depois que você estiver bem, poderemos conversar. É muito difícil para eu remoer o passado. — Mas ela insistia:

— Guto... meu amor... você me traiu e eu o compreendi... agora quero que você me compreenda...

preciso do seu perdão... mas se não quiser me perdoar... não importa... partirei melhor... tirando esse peso dos meus ombros.

— Meu Deus, Flor! O que é isso que está acontecendo? Perdoá-la de quê? O que você fez? Se você quiser meu perdão, vou perdoá-la quantas vezes forem necessárias. Procure repousar, meu amor. Procure dormir um pouco e você se sentirá bem, tudo isso vai passar.

— Guto... meu amor... deixe-me falar... preciso dizer o que trago na alma... — E, com muito esforço, colocou seus dedos nos lábios do marido, para que ele ficasse calado e a escutasse.

— Guto... quando nos casamos... você mandou uma carta... para seu instrutor espiritual... falando de nossa união... pedindo que ele rezasse por nós... sua lembrança foi louvável... ele era seu amigo e o ajudou muito... no passado.

— Depois ele nos visitou algumas vezes e nos abençoou pessoalmente. Foi seu grande amigo e orientador.

— Numa dessas visitas... você estava fazendo

palestras... no Paraná... e ele apareceu... foi um acontecimento inexplicável... após o jantar... nosso primeiro filho estava... no berço... ele se aproximou de mim e... — Emudeceu e começou a chorar, demonstrando a dificuldade respiratória e a dor no peito, que a sufocava.

— Meu amor, não fique assim, não lhe faz bem, acalme-se! Não fale, descanse!

— Guto... estou bem... estou bem... preciso de forças para continuar... ele me abraçou... e me beijou... estava sentindo sua falta... precisava de você... mas não tive forças... foi... — O ex-padre ficou paralisado diante da confissão estarrecedora de Florinda.

— Você beijou o Padre Carmelo? — perguntou assustado com o que acabara de ouvir.

— Guto... meu amor... nosso segundo filho... é o único que não tem.... — Não conseguiu concluir, abaixou a cabeça envergonhada, soluçando desesperadamente. Ele aproximou-se delicadamente, apoiou a cabeça dela entre suas mãos, e completou sem nenhum rancor na alma.

— Flor, nosso segundo filho é o único que não

tem os olhos azuis. Você está dizendo que ele é filho do Padre Carmelo? — Ela fez que sim com a cabeça e desmaiou. Inconsciente, não pôde ver as lágrimas que o velho companheiro derramou, durante longos minutos, sobre os lençóis.

Dois meses depois, Florinda retornaria à Pátria Espiritual. Augusto procurou cercá-la de muito amor e carinho até seus últimos dias. E pensava: *O dia que não tiver pecados, não precisarei perdoar. Enquanto isso não for possível, perdoarei sempre*. Esses pensamentos o consolavam, mas as lágrimas brotavam com facilidade, sempre que se lembrava do sofrimento de sua amada.

Augusto de Maria Vergal, brilhante professor, tornou-se um dos maiores expositores da Doutrina Espírita, tendo ocupado a tribuna até 1978, quando desencarnou com 82 anos de idade. Com seus conhecimentos bíblicos, escreveu para muitas revistas e jornais espíritas. Foi um dos melhores professores de filosofia da USP. Nunca mais voltou a Araraquara. Dizia, bem humorado, quando se encontrava com amigos, que ele era a prova viva da imortalidade de alma, que só nessa existência tinha morrido duas vezes e continuava vivo!

A BUSCA
DO MELHOR

Francisco do Espirito Santo Neto
ditado por Hammed

Filosófico
Formato: 14x21cm
Páginas: 176

Sócrates afirmava que "ninguém que saiba ou acredite que haja coisas melhores do que as que faz, ou que estão a seu alcance, continua a fazê-las quando conhece a possibilidade de outras melhores". Ser protagonista da própria vida não significa jamais se equivocar; significa, sim, refazer caminhos, reconhecer falhas e erros, e deixar de ser prisioneiro das próprias atitudes. Neste livro de Hammed, você vai descobrir as ferramentas necessárias para conduzir sua história de vida e fazer da existência uma grande oportunidade de aperfeiçoamento.

 www.boanova.net

 www.facebook.com/boanovaed

 www.instagram.com/boanovaed

 www.youtube.com/boanovaeditora

Entre em contato com nossos consultores e confira as condições.
Catanduva-SP 17 3531.4444 | boanova@boanova.net

MULHERES FASCINANTES
A presença feminina na vida de Jesus

Cirinéia Iolanda Maffei
ditado por Léon Denis
16x23 cm
272 páginas
Doutrinário
978-85-9977-203-4

Os contos desta obra revelam alguns encontros do Mestre Jesus com pessoas que, apesar de anônimas, foram destacadas por Tolstoi neste livro. Esses inusitados personagens nada mais são do que seres humanos sujeitos às imperfeições encontradas em quaisquer indivíduos da atualidade. Nos encontros descritos é preciso identificar com clareza nosso orgulho, vaidade, humildade, dor, ódio, inveja, raiva, frustração e desesperança, bem como nossa humildade, abnegação e nosso altruísmo, latentes em nossaintimidade.

Catanduva-SP 17 3531.4444
boanova@boanova.net | www.boanova.net

ROMANCE

NUNCA É TARDE PARA PERDOAR

HUMBERTO PAZIAN

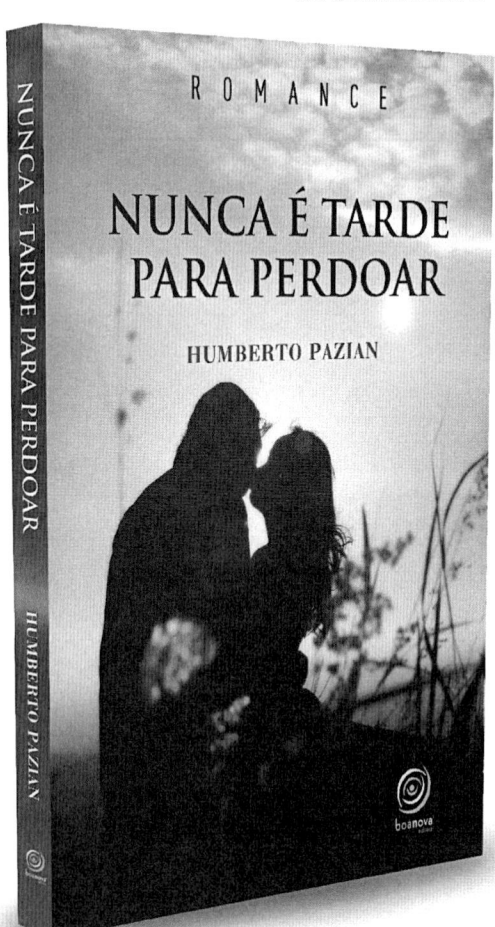

16x23 cm | 144 páginas

França, 1763. Filho único do conde Arnaldo D´Jou, Felipe retorna à pátria depois de sofrer amarga derrota nos campos de batalha da Inglaterra. A caminho dos domínios do pai, não sabe que vai ao encontro do seu passado... Embriagado pela beleza e pelo encanto de Celine, Felipe deixa-se dominar pela paixão. A linda jovem, filha de um cigano foragido, nega-se a se entregar ao guerreiro, que não aceita a recusa. O ódio de Felipe, então, contamina o ambiente da estalagem onde se encontram, abrindo suas portas para espíritos violentos e vingadores... Agora, tudo pode acontecer: Felipe e Celine, além de outros afetos e desafetos, reencontram-se para entender que nunca é tarde para perdoar.

Boa Nova Catanduva-SP | 17 3531.4444 | boanova@boanova.net

RENOVANDO ATITUDES

Francisco do Espirito Santo Neto
ditado por Hammed

Filosófico
Formato: 14x21cm
Páginas: 248

Elaborado a partir do estudo e análise de 'O Evangelho Segundo o Espiritismo', o autor espiritual Hammed afirma que somente podemos nos transformar até onde conseguirmos nos perceber. Ensina-nos como ampliar a consciência, sobretudo através da análise das emoções e sentimentos, incentivando-nos a modificar os nossos comportamentos inadequados e a assumir a responsabilidade pela nossa própria vida.

 www.boanova.net

 www.facebook.com/boanovaed

 www.instagram.com/boanovaed

 www.youtube.com/boanovaeditora

Entre em contato com nossos consultores e confira as condições.
Catanduva-SP 17 3531.4444 | boanova@boanova.net

AMAR TAMBÉM SE APRENDE
- CAPA DURA

14x21 cm | 144 páginas
Filosófico/Relacionamentos
ISBN: 978-85-99772-99-7

Acredita-se erroneamente que a atual "forma de amar" sempre existiu em todas as épocas. Mas o "conceito ou a maneira de amar" da contemporaneidade não existiu desde sempre. Por essa razão, precisamos nos conscientizar de sua historicidade, ou seja, do conjunto dos fatores que constituem a história de um comportamento, de uma atitude. Assim como todos os povos elegem suas tradições, também constroem suas maneiras de amar.

 boanova editora

Condições especiais para pagamento, fale com nossos consultores.

Catanduva-SP 17 3531.4444

www.boanova.net
boanova@boanova.net

 /boanovaed

UM QUARTO VAZIO
Roberto de Carvalho
Inspirado pelo espírito Francisco

Romance
Formato: 16x23cm
Páginas: 208

9 788583 530770

Reginaldo e Denise têm seu filho único, de vinte anos, assassinado por traficantes, sugerindo a possibilidade de o rapaz ter sido usuário de drogas. O trágico episódio abala a estrutura familiar, e o sentimento de culpa provoca doloroso esfriamento na relação do casal, transformando-os em inimigos que vivem sob o mesmo teto. Porém, na noite em que o triste acontecimento completa um ano, Reginaldo é conduzido, durante o sono, às regiões espirituais, onde passa por magnífica experiência e muda radicalmente o seu conceito sobre perda de entes queridos e regência das leis divinas.

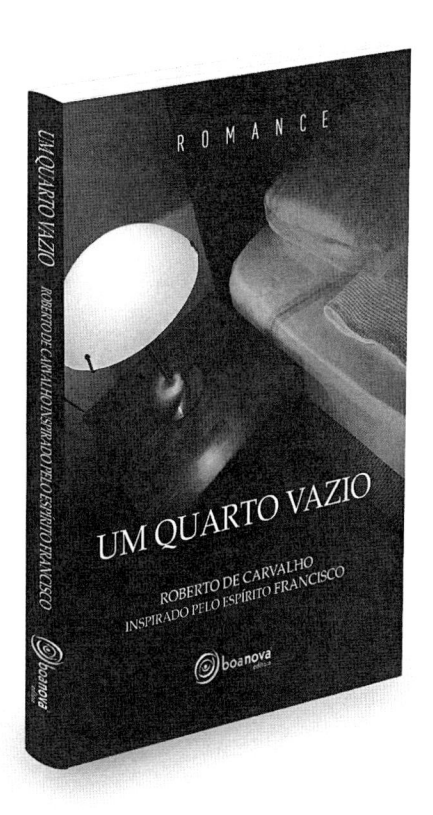

 www.boanova.net

 www.facebook.com/boanovaed

 www.instagram.com/boanovaed

 www.youtube.com/boanovaeditora

Entre em contato com nossos vendedores e confira as condições.
Catanduva-SP 17 3531.4444 | boanova@boanova.net

boanova editora

Av. Porto Ferreira, 1031 | Parque Iracema
CEP 15809-020 | Catanduva-SP

www.**boanova**.net | boanova@boanova.net

 17 3531.4444

 @boanovaed

 boanovaed

 boanovaeditora